Sommaire

Mon ALIMENTATION

- COMMENT MANGER ÉQUILIBRÉ
- MENUS DE LA SEMAINE
- RECETTES SALÉES
- GOÛTER / COLLATION
- PETIT-DÉJEUNER
- LA CLEF POUR MAINTENIR LE POIDS

Apprendre A M'AIMER !

- QUIZ CONFIANCE EN SOI
- EXERCICES ESTIME DE SOI
- SE SENTIR BELLE
- CAHIER DES FIERTÉS
- MANTRAS JOURNALIERS
- MES DÉFIS

Prendre SOIN DE MOI

- ROUTINE PEAU
- ROUTINE CHEVEUX
- SOINS DES MAINS
- SOINS DES PIEDS
- RECETTES MASQUES MAISON
- ASTUCES MAQUILLAGE

Comment s'habiller POUR SE METTRE EN VALEUR

- DÉTERMINER SA MORPHOLOGIE
- CONSEILS LOOK
- APPRENDRE À SE METTRE EN VALEUR

Mon GUIDE

Mon Prénom

Mon âge

1

Mon ALIMENTATION

COMMENT MANGER ÉQUILIBRÉ
MENUS DE LA SEMAINE
RECETTES SALÉES
GOÛTER / COLLATION
PETIT-DÉJEUNER
LA CLEF POUR MAINTENIR LE POIDS

Manger ÉQUILIBRÉ

C'EST QUOI "MANGER ÉQUILIBRÉ" ?

Première règle à respecter, et non des moindres : consommez chaque jour au moins un aliment de chacune des familles :

- Une portion de féculents ;
- Une portion de fruits et légumes,
- De la viande-poisson-œufs ;
- Des produits laitiers ;
- De (bonnes) matières grasses, en petites quantités.

Ils couvrent chacun, en se complétant, les apports journaliers nutritionnels dont votre corps a besoin pour être en forme. Autre élément essentiel à ne pas oublier au quotidien : l'eau !

Autre conseil important : consommez d'un jour à l'autre des aliments différents de chaque famille (par exemple pour les féculents : pain, pâtes, riz, pommes de terre...). Pas de panique si vous peinez à obtenir l'équilibre sur un repas ou une journée : ce qui compte, c'est de l'avoir sur la semaine.

COMMENT MANGER SAINEMENT : EN RESPECTANT LA PYRAMIDE ALIMENTAIRE ?

L'organisme n'a pas besoin de tous les aliments dans les mêmes quantités. Certaines familles doivent être très présentes (base de la pyramide alimentaire), d'autres moins (pointe). Cela donne pour chaque journée :

- **De l'eau à volonté.** Buvez au moins 1,5 litre de liquide, pendant et entre les repas, sous forme d'eau et de boissons non caloriques. Oubliez les boissons sucrées ou chimiques, vous ne trouverez jamais autant de bienfaits que dans l'eau de source (ou du robinet, adaptée à nos besoins) ;
- **Des féculents à chaque repas.** Céréales, aliments à base de céréales (riz, pâtes, semoule, blé, pain...), légumes secs (lentilles, fèves, pois...), pommes de terre...
- **Fruits et légumes à tous les repas**, sous toutes leurs formes (cuits, crus, mixés...) ;
- **Viande, poisson ou des oeufs, 1 à 2 fois par jour.** En proportion inférieure à celle de l'accompagnement (féculents et légumes). Pour la viande, préférez les morceaux les moins gras. Pour le poisson, consommez aussi des espèces grasses (thon, saumon ...).
- **Produits laitiers.** alternez lait, fromages, yaourts afin d'obtenir un bon compromis entre matières grasses et calcium.
- **Un peu de matières grasses.** Variez les sources (huiles, beurre, margarine...) et modérez votre consommation.
- **Rarement, des produits sucrés.** Tous sont caloriques, soit parce qu'ils sont riches en sucre (sodas, bonbons...), soit parce qu'ils cumulent sucre et gras (pâtisseries, viennoiseries, chocolat...). Mais accordez vous des plaisirs de temps en temps pour ne pas être frustré.
- **De l'alcool avec modération.** L'alcool est le seul aliment dont l'organisme peut se passer.

5 ERREURS

5 ERREURS À NE PAS COMMETTRE SI L'ON VEUT MANGER ÉQUILIBRÉ

SAUTER UN REPAS

La règle n°1 consiste à ne jamais sauter de repas, surtout le petit déjeuner. Non seulement vous risquez de mourir de faim avant l'heure du déjeuner, mais en plus votre cerveau ne sera pas suffisamment irrigué et fonctionnera moins bien.

Pour les mêmes raisons, Jean-Marie Bourre remet en question le fameux dicton qui imposerait de "manger comme un roi le matin, comme un prince le midi et comme un pauvre le soir". Selon lui, manger un repas assez consistant le soir est tout aussi important que de bien manger le matin. "Pendant certaines périodes de la nuit, le cerveau travaille plus que pendant la journée", souligne le nutritionniste. Il faut donc manger correctement pour ne manquer de rien pendant son sommeil.

MANGER UNE SIMPLE SALADE À MIDI

De plus en plus de personnes misent sur une salade composée pour éliminer les kilos superflus. Si elle peut caler sur le moment, il est presque sûr que vous ressentirez une petite fringale en milieu d'après-midi si vous n'y avez mis que de la salade verte et quelques légumes. Pour tenir jusqu'au soir et éviter les grignotages, il faut lui adjoindre des protéines (viande, œuf ou un fromage type chèvre) et un féculent (pomme de terre, céréales, pâtes...).

SE NOURRIR DE PRODUITS ALLÉGÉS

Choisir des produits uniquement parce qu'ils sont allégés est une erreur. "Certes, ils sont pauvres en graisses et en sucre, mais ils ont un effet moins rassasiant que les produits 'naturels'", rappelle le nutritionniste. La faim va donc revenir plus vite et vous risquez de manger deux fois plus que si vous aviez consommé un aliment qui n'est pas allégé.

SUPPRIMER UNE CATÉGORIE D'ALIMENT

Penser que l'on peut maigrir en supprimant le gluten, la viande ou encore les produits laitiers est une erreur. "Chaque catégorie d'aliments a des propriétés et des vertus différentes", explique Jean-Marie Bourre. À moins d'avoir une allergie ou une intolérance, "retirer toute une famille de son alimentation peut entraîner des carences et un déséquilibre de l'organisme".

COMPTER LES CALORIES

Absorber peu de calories ne veut pas dire manger équilibré. La preuve, une salade bien garnie peut en compter autant qu'une poignée de cacahuètes ou qu'une assiette de poulet frit. Cependant, ces deux derniers plats sont plus riches en gras et en sel, et sont donc moins bons pour la santé et pour la ligne. Il ne suffit donc pas de compter le calories : vérifier les apports nutritifs est tout aussi (voire plus) important.

L'importance DU SPORT

LE SPORT INDISPENSABLE AU MAINTIENT OU A LA PERTE DE POIDS !

Il est démontré que pour une perte de poids saine et durable, il faut combiner alimentation équilibrée et activité physique.

Pour qu'il y ait perte de poids, la dépense énergétique doit être plus élevée que l'apport en calories. C'est donc dire qu'il faut manger moins ou dépenser plus, mais l'idéal est d'arriver à un bilan énergétique négatif par l'acquisition de saines habitudes alimentaires et par la pratique régulière d'activités physiques.

L'activité physique, en plus de nous faire brûler des calories pendant l'effort, permet une dépense énergétique plus élevée au repos et une augmentation de la masse maigre (dont les muscles font partie).

L'IMPORTANCE DES MUSCLES

L'exercice cardiovasculaire permet de brûler des calories et de stimuler le métabolisme. Mais les exercices musculaires sont aussi essentiels pour favoriser une perte de poids. La musculation favorise une plus grande dépense énergétique après les séances d'activité physique, car le muscle, même au repos, consomme beaucoup d'énergie sous forme de graisse.

Ainsi, en travaillant vos muscles, en particulier les plus gros (jambes, tronc) qui demandent plus d'énergie, vous brûlerez davantage de calories entre les séances d'entraînement. Notez qu'il n'est pas possible, en travaillant ses muscles, de cibler une région précise du corps où perdre de la graisse. L'exercice musculaire permet plutôt de réduire l'ensemble des réserves de graisse.

LE PLAN D'ENTRAÎNEMENT À PRIVILÉGIER

Pour maximiser les résultats, il est recommandé de prioriser les exercices à haute intensité ou à très haute intensité réalisés par intervalles. Cette méthode permet de limiter la durée des entraînements et d'obtenir des résultats supérieurs. Une étude menée à l'Université Laval a permis de démontrer que de brèves séances d'entraînement par intervalles courts d'intensité très élevée provoquaient une plus grande perte de graisse que de longues séances d'entraînement continues à intensité moyenne 2=.

Voici d'autres conseils :

- Pratiquez de 20 à 30 minutes d'activité cardiovasculaire avec intervalles à intensité élevée au moins 2 fois par semaine.
- Soyez la plus active possible au quotidien. Choisissez des activités qui vous plaisent (course, vélo, natation, boxe, etc.) et saisissez la moindre occasion pour bouger (prendre l'escalier, aller chez le dépanneur à pied, marcher pendant la pause déjeuner, etc.).
- Intégrez un entraînement musculaire à votre routine chaque semaine.

Les menus
DE LA SEMAINE

Menu SEMAINE 1

	MIDI	SOIR
Lundi	Tartine avocat/saumon salade verte	Gratin de chou-fleur et jambon
Mardi	Salade concombre, feta, crevettes	Tacos courgette*
Mercredi	Chachouka*	Wok de nouilles sauce soja, légumes, boeuf*
Jeudi	Curry de pois chiches*	Pâtes au saumon et courgette
Vendredi	Brandade de morue salade verte	Pizza d'aubergine*
Samedi	Taboulé raisins secs et viande des Grisons	Roulée pomme de terre, fromage frais et dinde*
Dimanche	Crumble légumes et poulet*	Blanquette de poissons et riz*

Menu SEMAINE 2

	MIDI	SOIR
Lundi	Roulé aubergine jambon sec et ricotta *	Soupe de cresson oeuf mollet
Mardi	Wrap épinard fromage frais saumon	Lasagnes boeuf
Mercredi	Falafel sauce yaourt*	Quiche sans pâte*
Jeudi	Salade mexicaine au thon*	Frites de polenta jambon grillé
Vendredi	Poulet au sésame riz	Patate douce rôtie au four, sauce yaourt*
Samedi	Oeufs mimosa salade	Pissaladière*
Dimanche	Tartare de boeuf salade et/ou frites	Conchiglis farcies*

Menu SEMAINE 3

	MIDI	SOIR
Lundi	Risotto champignons*	Salade de chèvre chaud et lardons
Mardi	Tian de légumes à la mozzarella*	Boulette de poulet, laquée au gingembre*
Mercredi	Salade niçoise anchois et thon	Courgette farcie
Jeudi	Salade mâche, betterave, noix, feta, vinaigrette au miel	Gratin brocolis, amandes et ricotta
Vendredi	Céviche poisson aux agrumes*	Gnocchi maison*
Samedi	One pot pasta poulet et légumes*	Velouté petits pois, froid ou chaud, oeuf mollet
Dimanche	Orzo a la méditerranéenne*	Salade fenouil, agrumes, avocat, crevettes

Menu SEMAINE 4

	MIDI	SOIR
Lundi	Galette polenta lard et romarin*	Cannelonis de courgette façon bolognaise*
Mardi	Papillotte crevettes et brocolis	Taboulé au boulgour
Mercredi	Galettes cabillaud et pomme de terre panées	Brochette de veau et légumes
Jeudi	Tzaziki maison pain pita*	Petits légumes farcis au poulet
Vendredi	Salade melon, mozza, jambon sec	Tarte brie, noix et miel*
Samedi	Brouillade oeuf au comté	Salade de lentilles tomates, concombre, lardons
Dimanche	Cake courgette, menthe, chèvre	Tataki thon sésame et épices*

Menu SEMAINE 5

	MIDI	SOIR
Lundi	Salade pomme de terre & maquereaux	Oeuf cocotte
Mardi	Gratin de patate douce, amandes et bleu	Cassolette de poulet aux champignons et riz
Mercredi	Tarte rustique à la tomate burrata	Nuggets aux corn flakes, ketchup de carotte*
Jeudi	Orecchiete aux petits-pois, chèvre et menthe	Fajitas au poulet
Vendredi	Flan aubergine à la sauce tomate	Aiguilettes canard miel et orange
Samedi	Clafoutis aux poireaux, cancoillotte et chorizo * (voir recette clafoutis blette)	Empanadas viande hachée *
Dimanche	Samoussas de légumes à l'indienne	Spaghetti pousses d'épinard à l'ail, persil et citron

Menu SEMAINE 6

	MIDI	**SOIR**
Lundi	Crumble de ratatouille	Curry indien et riz blanc
Mardi	Oeufs mimosa saumon*	Tartine oeuf et épinards frais
Mercredi	Salade de chèvre chaud	Lasagnes poulet champignon
Jeudi	Gyoza et salade fraîche	Aumonières oseille et maquereau*
Vendredi	Ficelles picardes	Salade de carotte à l'orange et haddock
Samedi	Clafoutis aux blettes et jambon*	Tartelette ricotta tomates et miel, salade
Dimanche	Nouilles chinoises, soja et poulet teriyaki	Crab cake et salade*

Menu SEMAINE 7

	MIDI	SOIR
Lundi	Purée pomme de terre haddock fumé et fenouil	Samoussa steak haché, poivrons et feta
Mardi	Oeufs cocotte chorizo et dès de tomates	Tartine tapenade, burratta, tomates cerises et jambon cru
Mercredi	Salade de halloumi, concombre, pignons de pin, tomates	Pâtes aux 2 saumons (frais et fumé)
Jeudi	Riz cantonnais brochette poulet yakitori	Polenta crémeuse poulet grillé aux herbes
Vendredi	Croque-monsieur fromage raclette et salade verte	Tarte rustique aux poireaux et crème de camembert
Samedi	Taboulé libanais, carpaccio boeuf	Moussaka aubergine et viande hachée
Dimanche	Filet de cabillaud, sauce à l'oseille lamelles de courgette	Rouleaux de printemps aux crevettes

Menu SEMAINE 8

	MIDI	SOIR
Lundi	Gratin de gnocchi, mozza et tomates séchées	Velouté de courgette, oeuf mollet, croûtons
Mardi	Salade de lentilles corail	Paëlla maison
Mercredi	Pomme de terre farcie à l'effiloché de poulet	Spaghetti, à la crème de poivrons et crevettes
Jeudi	Salicorne pavé de saumon	Cannelloni épinards et chèvre frais
Vendredi	Tarte figue, chèvre et noix	Choux de Bruxelles croustillants au paprika
Samedi	Risotto aux blettes	Salade d'endives, noix, et jambon cru
Dimanche	Salade de fèves, chèvre frais et oeuf	Galette de chou-fleur aux fromages

Mes listes
DE COURSES

Fruits / Légumes
- [ ]
- [ ]
- [ ]
- [ ]
- [ ]
- [ ]
- [ ]
- [ ]
- [ ]
- [ ]
- [ ]
- [ ]
- [ ]
- [ ]
- [ ]
- [ ]
- [ ]
- [ ]

Viandes / poissons
- [ ]
- [ ]
- [ ]
- [ ]
- [ ]
- [ ]
- [ ]
- [ ]
- [ ]
- [ ]
- [ ]
- [ ]
- [ ]
- [ ]
- [ ]
- [ ]
- [ ]
- [ ]

Rayon frais
- [ ]
- [ ]
- [ ]
- [ ]
- [ ]
- [ ]
- [ ]
- [ ]
- [ ]
- [ ]
- [ ]
- [ ]
- [ ]
- [ ]
- [ ]
- [ ]
- [ ]
- [ ]

Epicerie salée
- [ ]
- [ ]
- [ ]
- [ ]
- [ ]
- [ ]
- [ ]
- [ ]
- [ ]
- [ ]
- [ ]
- [ ]
- [ ]
- [ ]

Epicerie sucrée
- [ ]
- [ ]
- [ ]
- [ ]
- [ ]
- [ ]
- [ ]
- [ ]
- [ ]
- [ ]
- [ ]
- [ ]
- [ ]
- [ ]

Surgelés
- [ ]
- [ ]
- [ ]
- [ ]
- [ ]
- [ ]
- [ ]
- [ ]
- [ ]
- [ ]
- [ ]
- [ ]
- [ ]
- [ ]

Hygiène / entretien
- [ ]
- [ ]
- [ ]
- [ ]
- [ ]

- [ ]
- [ ]
- [ ]
- [ ]
- [ ]

Boissons
- [ ]
- [ ]
- [ ]
- [ ]
- [ ]

Fruits / Légumes

- [ ] ....
- [ ] ....
- [ ] ....
- [ ] ....
- [ ] ....
- [ ] ....
- [ ] ....
- [ ] ....
- [ ] ....
- [ ] ....
- [ ] ....
- [ ] ....
- [ ] ....
- [ ] ....
- [ ] ....
- [ ] ....
- [ ] ....
- [ ] ....

Viandes / poissons

- [ ] ....
- [ ] ....
- [ ] ....
- [ ] ....
- [ ] ....
- [ ] ....
- [ ] ....
- [ ] ....
- [ ] ....
- [ ] ....
- [ ] ....
- [ ] ....
- [ ] ....
- [ ] ....
- [ ] ....
- [ ] ....
- [ ] ....
- [ ] ....

Rayon frais

- [ ] ....
- [ ] ....
- [ ] ....
- [ ] ....
- [ ] ....
- [ ] ....
- [ ] ....
- [ ] ....
- [ ] ....
- [ ] ....
- [ ] ....
- [ ] ....
- [ ] ....
- [ ] ....
- [ ] ....
- [ ] ....
- [ ] ....
- [ ] ....

Epicerie salée

- [ ] ....
- [ ] ....
- [ ] ....
- [ ] ....
- [ ] ....
- [ ] ....
- [ ] ....
- [ ] ....
- [ ] ....
- [ ] ....
- [ ] ....
- [ ] ....

Epicerie sucrée

- [ ] ....
- [ ] ....
- [ ] ....
- [ ] ....
- [ ] ....
- [ ] ....
- [ ] ....
- [ ] ....
- [ ] ....
- [ ] ....
- [ ] ....
- [ ] ....

Surgelés

- [ ] ....
- [ ] ....
- [ ] ....
- [ ] ....
- [ ] ....
- [ ] ....
- [ ] ....
- [ ] ....
- [ ] ....
- [ ] ....
- [ ] ....
- [ ] ....

Hygiène / entretien

- [ ] ....
- [ ] ....
- [ ] ....
- [ ] ....
- [ ] ....

- [ ] ....
- [ ] ....
- [ ] ....
- [ ] ....
- [ ] ....

Boissons

- [ ] ....
- [ ] ....
- [ ] ....
- [ ] ....
- [ ] ....

| Fruits / Légumes | Viandes / poissons | Rayon frais |

| Epicerie salée | Epicerie sucrée | Surgelés |

| Hygiène / entretien | | Boissons |

Fruits / Légumes

- ☐ ......
- ☐ ......
- ☐ ......
- ☐ ......
- ☐ ......
- ☐ ......
- ☐ ......
- ☐ ......
- ☐ ......
- ☐ ......
- ☐ ......
- ☐ ......
- ☐ ......
- ☐ ......
- ☐ ......
- ☐ ......
- ☐ ......
- ☐ ......

Viandes / poissons

- ☐ ......
- ☐ ......
- ☐ ......
- ☐ ......
- ☐ ......
- ☐ ......
- ☐ ......
- ☐ ......
- ☐ ......
- ☐ ......
- ☐ ......
- ☐ ......
- ☐ ......
- ☐ ......
- ☐ ......
- ☐ ......
- ☐ ......
- ☐ ......

Rayon frais

- ☐ ......
- ☐ ......
- ☐ ......
- ☐ ......
- ☐ ......
- ☐ ......
- ☐ ......
- ☐ ......
- ☐ ......
- ☐ ......
- ☐ ......
- ☐ ......
- ☐ ......
- ☐ ......
- ☐ ......
- ☐ ......
- ☐ ......
- ☐ ......

Epicerie salée

- ☐ ......
- ☐ ......
- ☐ ......
- ☐ ......
- ☐ ......
- ☐ ......
- ☐ ......
- ☐ ......
- ☐ ......
- ☐ ......
- ☐ ......
- ☐ ......
- ☐ ......
- ☐ ......

Epicerie sucrée

- ☐ ......
- ☐ ......
- ☐ ......
- ☐ ......
- ☐ ......
- ☐ ......
- ☐ ......
- ☐ ......
- ☐ ......
- ☐ ......
- ☐ ......
- ☐ ......
- ☐ ......
- ☐ ......

Surgelés

- ☐ ......
- ☐ ......
- ☐ ......
- ☐ ......
- ☐ ......
- ☐ ......
- ☐ ......
- ☐ ......
- ☐ ......
- ☐ ......
- ☐ ......
- ☐ ......
- ☐ ......
- ☐ ......

Hygiène / entretien

- ☐ ......
- ☐ ......
- ☐ ......
- ☐ ......
- ☐ ......

- ☐ ......
- ☐ ......
- ☐ ......
- ☐ ......
- ☐ ......

Boissons

- ☐ ......
- ☐ ......
- ☐ ......
- ☐ ......
- ☐ ......

Les recettes
PAS À PAS

Tacos COURGETTES

QUANTITÉ : POUR 8 TACOS

DIFFICULTÉ :

INGRÉDIENTS

- 4 TASSES DE COURGETTES RÂPÉES
- 1 GROS ŒUF
- 1/2 TASSE DE PARMESAN RÂPÉ
- 1/4 DE TASSE DE CHAPELURE
- 1/2 C.C DE POIVRE NOIR
- 1/4 DE C.C DE SEL
- 1/4 DE C.C DE POUDRE D'AIL

GARNITURE :
- POULET EMINCÉ
- TOMATES
- SALADE
- SAUCE YAOURT (YAOURT, SEL, CITRON)

Préparation

1. Préchauffer le four à 200 °C. Tapisser deux plaques de papier cuisson et huiler légèrement.
2. Râper et égoutter les courgettes le plus possible. Mettre dans un grand bol.
3. Ajouter le reste des ingrédients.
4. Prendre environ 1/4 de tasse du mélange et étendre sur la plaque. Presser en un cercle d'environ 5 cm de diamètre.
5. Répéter pour le reste du mélange.
6. Faire cuire pendant 22 à 25 minutes ou jusqu'à ce que les tortillas soient croustillantes et dorées sur les côtés.
7. Laissez refroidir. Enlever doucement du papier cuisson.
8. Garnir votre tacos avec les ingrédients de votre choix et y ajouter une sauce.

<u>Idée de garniture</u> :

- salade, tomates, poulet émincé, sauce yaourt.
- Saumon fumé, pousses d'épinard, sauce philadelphia et crème.
- Boeuf façon bolognaise, salade, tomates fraiches, gruyère râpé, crème épaisse.

Wok
BOEUF & LÉGUMES

QUANTITÉ : POUR 4 PERSONNES

DIFFICULTÉ :

INGRÉDIENTS

- 300G BOEUF (TYPE BAVETTE OU STEAK)
- 1 POIVRON
- 1 OIGNON CÉBETTE
- 200G NOUILLES CHINOISES
- GRAINES DE SÉSAME
- 2 C.S HUILE DE SÉSAMES
- 4 C.S SAUCE SOJA
- PAPRIKA

Préparation

1. Faire cuire les nouilles chinoises dans un bouillon (légumes, boeuf, ou volaille).
2. Dans un wok ou une sauteuse mettre de l'huile de sésame et faire cuire le poivron coupé en lamelles jusqu'a ce qu'il soit tendre.
3. Ajouter ensuite le boeuf coupé en lamelles fines avec le paprika.
4. Ensuite mettre la sauce soja et poivrer.
5. Ajouter les nouilles et faire sauter le tout.
6. Parsemer de graines de sésame.
7. Ajouter un oignon cébette ciselé.
8. Laisser cuire 3 minutes et déguster !

Idées pour varier :

- Crevettes, nouilles, brocolis, poivrons.
- Omelette, nouilles, petits pois,
- Poulet, nouilles, carottes, courgettes.
- Dés de jambon, nouilles, brocolis, poivrons.

Chachouka
PAIN PITA

QUANTITÉ : POUR 3 PERSONNES
DIFFICULTÉ : ★★★

INGRÉDIENTS

- 1 GROS OIGNON ÉMINCÉ
- 2 POIVRONS VERTS ET 1 POIVRON ROUGE ÉMINCÉS
- 3 GROSSES TOMATES ÉPLUCHÉES ET COUPÉES EN DÉS
- 3 ŒUFS
- SEL ET POIVRE, CUMIN, PAPRIKA
- HUILE
- PAIN PITA

Préparation

1. Dans une poêle chaude huilée, faire revenir les oignons quelques minutes.
2. Ajouter les poivrons, saler et poivrer. Couvrir et cuire à feu moyen pendant 10 minutes.
3. Ajouter les tomates et cuire à nouveau 10 minutes en remuant de temps en temps.
4. Casser les œufs directement sur la préparation. Cuire encore 2 à 3 minutes, le temps que le blanc d'œuf coagule mais que le jaune reste coulant.
5. Retirer du feu et parsemer de quelques feuilles de persil hachées.
6. On trempe son pain pita dedans en s'en servant comme une cuiillère !

Idées pour varier :

- Ajouter un peu de feta émiettée sur le dessus c'est un délice.
- Vous pouvez remplacer les poivrons par des épinards frais.

Curry coco
POIS CHICHES

QUANTITÉ : POUR 3 PERSONNES
DIFFICULTÉ : ★ ★ ★

INGRÉDIENTS

- 300 G DE POIS CHICHES DÉJÀ CUITS
- 200 ML DE LAIT DE COCO
- 1 CAROTTE
- 1 TOMATE COUPÉE EN DÉS
- 1/2 OIGNON
- 1 CUILLÈRE À SOUPE RASE DE CURRY EN POUDRE
- 2 CUILLÈRES À SOUPE D'AMANDES EN POUDRE
- 1 CUILLÈRE À SOUPE DE SAUCE SOJA SALÉE
- 1 CUILLÈRE À CAFÉ DE SUCRE ROUX
- UN PEU D'HUILE D'OLIVE
- RIZ POUR ACCOMPAGNER

Préparation

1. Couper finement l'oignon et la carotte. Faire revenir dans une poêle avec de l'huile d'olive.
2. Ajouter la tomate coupée en dés.
3. Ajouter les pois chiches, puis tous les autres ingrédients : le lait de coco, le curry, la sauce soja salée, le sucre roux et enfin les amandes en poudre.
4. Mélanger et laisser mijoter à feu doux quelques minutes.
5. Quand le riz est prêt, et que le curry a la bonne texture, servir simplement dans une assiette creuse et parsemer d'herbes aromatiques, de noix de cajou ou d'amandes !

<u>Petite astuce</u> : si le curry est trop liquide, laisser mijoter encore un peu. Si au contraire le curry est trop compact, ajouter un filet d'eau et mélanger.

Pizza D'AUBERGINE

QUANTITÉ : POUR 4 PERSONNES
DIFFICULTÉ : ★★★

INGRÉDIENTS

- 1 GROSSE AUBERGINE
- 1 PETIT POT DE SAUCE TOMATE
- 100G DE MOZZARELLA RÂPÉE (OU MOZZARELLA COUPÉE EN FINES TRANCHES)
- 1 FILET D'HUILE D'OLIVE
- GARNITURES AU CHOIX : CHAMPIGNONS, JAMBON BLANC OU CRU, OLIVES, SAUMON FUMÉ, BACON, LÉGUMES...

Préparation

1. Préchauffer le four à 180°C.
2. Laver puis couper les aubergines en rondelles d'environ 1 cm d'épaisseur.
3. Disposer sur la plaque du four recouverte de papier sulfurisé.
4. Arroser d'un filet d'huile d'olive et enfourner 10 mn à 180°C pour les précuire.
5. Sortir les aubergines et étaler la sauce tomate sur les rondelles.
6. Disposer la garniture, la mozzarella et parsemer d'herbes fraiches. Enfourner 20mn.

Idées pour varier :

- Jambon sec, tomates, basilic, mozzarella
- Saumon, champignons, mozzarella
- Chèvre râpé, pignons de pin, miel

Roulé
POMME DE TERRE

QUANTITÉ : POUR 4 PERSONNES
DIFFICULTÉ : ★★☆

INGRÉDIENTS

- 550 G DE POMMES DE TERRE
- 1 OIGNON
- 100 G DE GRUYÈRE RÂPÉ
- 2 ŒUFS
- 4 TRANCHES DE JAMBON ASSEZ FINES
- 1 BOULE DE MOZZARELLA
- SEL, POIVRE

Préparation

1. Préchauffer le four à 180°.
2. Peler et laver les pommes de terre. Les couper en morceaux et les mettre dans le robot pour les hacher ou les râper.
3. Ajouter l'oignon pelé et coupé en 4, le gruyère râpé, les œufs, du sel et du poivre.
4. Avec une spatule, étaler uniformément ce mélange sur une plaque recouverte de papier sulfurisé.
5. Enfourner 25 minutes. Sortir la plaque du four et laisser refroidir 10-15 minutes.
6. Égoutter la mozzarella, l'essuyer dans du papier absorbant et la couper en tranches fines. Lorsque la crêpe de pommes de terre a un peu refroidi, répartir les tranches de jambon de manière à recouvrir toute la surface, disposer les tranches de mozzarella par-dessus.
7. Rouler délicatement la crêpe. Remettre au four 10 minutes, juste le temps que le fromage fonde. Servir avec une salade verte.

Idées pour varier :

- Saumon, phildelphia
- Epinard, saumon

Blanquette
DE POISSONS

QUANTITÉ : POUR 4 PERSONNES
DIFFICULTÉ : ★★★

INGRÉDIENTS

- 400G DE POISSON À CHAIR BLANCHE (CABILLAUD, COLIN, LOTTE ...ETC)
- 750 G DE POMMES DE TERRE
- 1 OIGNON
- 2C.S CONCENTRÉ DE TOMATE
- 15 CL VIN BLANC (FACULTATIF)
- 1 L FUMÉ DE POISSON
- 1 BOUQUET GARNI
- 1C.C PAPRIKA OU SAFRAN
- HERBES FRAÎCHES (PERSIL OU ANETH)
- SEL, POIVRE
- 1 CS CRÈME FRAÎCHE ÉPAISSE

Préparation

1. Emincer l'oignon et le faire revenir dans une casserole avec de l'huile d'olive.
2. Couper le poisson en gros cubes (3cm environ) et le faire revenir avec l'oignon. Saler et poivrer et ajouter le paprika ou le safran selon vos goûts.
3. Ajouter ensuite le vin blanc et faire évaporer 2-3 minutes.
4. Ajouter le fumé de poisson dilué dans 1l d'eau, avec le bouquet garni et le concentré de tomates.
5. Egoutter le poisson et réserver de côté en gardant le jus de cuisson.
6. Faire cuire les pommes de terre coupées en dés dans le jus de cuisson jusqu'à obtenir une texture moelleuse.
7. Ajouter le poisson dedans, mettre une bonne cuillère de crème épaisse pour plus d'onctuosité.
8. Garnir avec des herbes fraîches et servir !

Roulé ricotta
AUBERGINES JAMBON SEC

QUANTITÉ : POUR 4 PERSONNES

DIFFICULTÉ :

INGRÉDIENTS

- 2 AUBERGINES LONGUES MOYENNES
- 5–6 TRANCHES TRÈS FINES JAMBON CRU
- 220G RICOTTA
- 1 CÀS TAPENADE (FACULTATIF)
- 5 FEUILLES MENTHE + UN PEU POUR SERVIR
- HUILE D'OLIVE
- SAUCE TOMATE
- SEL ET POIVRE

Préparation

1. Mélanger la ricotta et la tapenade. Ajouter la menthe ciselée. Laver les aubergines, couper la tête et les couper en fines tranches dans le sens de la longueur. Verser 6 càs d'huile d'olive dans une poêle et la faire chauffer. Y frire 2-3 tranches à la fois des deux côtés jusqu'à ce qu'elles soient dorées. Ajouter de l'huile si besoin. Poser les tranches sur du papier absorbant et les saler.
2. Préchauffer le four à 200°C.
3. Quand les aubergines sont encore tièdes, poser dessus un demi-tranche de jambon (même moins selon la grandeur et sur toute la surface de la tranche d'aubergine). Tartiner généreusement avec le mélange de ricotta puis les rouler vers l'intérieur (comme des makis ;-). Bloquer les roulés avec un cure-dent. Procéder de même avec le reste des ingrédients.
4. Poser les roulés (fermeture vers le bas) dans un plat tapissé de sauce tomate et badigeonner avec un peu d'huile d'olive les aubergines et les cuire au four 5 à 10 minutes. Servir chaud ou tiède avec un peu de tapenade et une feuille de menthe.

Falafel
SAUCE YAOURT

QUANTITÉ : POUR 16 FALAFELS
DIFFICULTÉ : ★★★

INGRÉDIENTS

- 300 g de pois chiches secs (attention si ils sont déjà cuits ça ne marchera pas)
- 2 gousses d'ail
- 1 oignon rouge
- Persil frais
- Coriandre fraîche
- Menthe fraîche
- 2 c.s d'huile d'olive
- 2 cs de farine
- 2 c.c de cumin moulu
- Huile d'olive pour la cuisson
- Sel et poivre

Pour la sauce :

- 1 yaourt nature brassé
- ½ citron
- 1 cuillère à soupe de menthe ciselée
- 1 cuillère à soupe de ciboulette ciselée
- 1 cuillère à soupe de coriandre ciselé
- 1 cuillère à café de cumin moulu
- Sel
- Poivre

Préparation

1. La veille, mettre les pois chiches dans 2 fois leur volume d'eau froide. Couvrir et laisser tremper minimum 12h à température ambiante.
2. Égoutter les pois chiches. Bien les sécher dans un torchon propre.
3. Dans le bol du mixeur, mettre les gousses d'ail pelées, dégermées, l'oignon pelé et coupé en quartiers, le cumin, l'huile d'olive, la farine, la menthe, la coriandre, le persil et les pois chiches. Saler, poivrer.
4. Bien mixer jusqu'à obtenir une purée assez fine.
5. Préchauffer le four à 180°c à chaleur tournante.
6. Former des boulettes en les serrant bien dans le creux de la main pour qu'elles soient bien compactes. Les déposer sur la plaque du four recouverte de papier sulfurisé et éventuellement badigeonner d'huile d'olive.
7. Enfourner à mi-hauteur et laisser cuire 20 minutes en les retournant à mi-cuisson.
8. Pendant ce temps, préparer la sauce : dans un bol, mélanger le yaourt, les herbes ciselées, le jus de citron et le cumin. Saler poivrer et mélanger à la fourchette.
9. A manger avec une salade verte, tomates, concombres.

Quiche sans pâte
AUX ASPERGES

QUANTITÉ : POUR 1 QUICHE
DIFFICULTÉ : ★ ★ ★

INGRÉDIENTS

- 10 ASPERGES VERTES
- 5 OEUFS
- 300 ML DE LAIT
- 6 C.S DE FARINE
- 1/2 C.C DE SEL
- 1/4 C.C DE POIVRE
- 1/4 C.C DE THYM
- 60 G DE PARMESAN
- 150 G DE JAMBON COUPÉ EN DÉS
- 1 C.C D'HUILE D'OLIVE

Préparation

1. Couper la base dure des asperges, éplucher, laver et les éponger. En couper 5 en rondelles épaisses, et garder le reste.
2. Faire chauffer l'huile dans une poêle anti-adhésive puis ajouter les asperges, saler, poivrer et couvrir.
3. Laisser cuire 8 minutes puis ajouter le jambon coupé en dés et laisser encore 5 minutes.
4. Déposer les asperges et le jambon dans un moule à tarte.
5. Dans un saladier battre les œufs avec le lait puis ajouter la farine, le sel, le poivre, le thym, et le parmesan.
6. Mélanger puis verser dans le moule sur les asperges.
7. Ensuite enfourner à 180°C pendant environ 40 à 50 minutes.

<u>Idées pour varier</u> :
- jambon, gruyère
- Saumon, épinard, mozzarella
- Chèvre, tomates cerises

Tarte PISSALADIÈRE

QUANTITÉ : POUR 1 TARTE
DIFFICULTÉ :

INGRÉDIENTS

- 1 rouleau de pâte à pizza
- 800g d'oignons
- 15 filets d'anchois
- 10 olives noires
- 1 cuillère à soupe de sucre en poudre
- 5 cl d'huile d'olive
- sel
- poivre
- thym frais

Préparation

1. Eplucher et émincer les oignons. Les faire revenir dans une poêle avec le sucre en poudre et l'huile d'olive pendant 20 minutes.
2. Etaler la pâte à pizza sur une plaque du four.
3. Recouvrir la pâte de confit d'oignons puis ajouter les filets d'anchois, saler et poivrer légèrement. Enfourner 15 minutes à 210 °C.
4. Ajouter les olives noires et poursuivre la cuisson 10 minutes supplémentaires.

A déguster avec un bonne salade verte !

Conchiglionies FARCIES

Préparation

1. Préparer la sauce en faisant revenir dans une casserole la gousse d'ail pressée avec une bonne cuillère à soupe d'huile d'olive. Dès que cela commence à colorer ajouter la sauce tomate, saler, poivrer et faire cuire à feu moyen pendant 10 minutes. Verser la sauce dans un plat à four.
2. Préparer la farce. Rincer les épinards, les couper en lamelles et les faire sauter dans une poêle (sans matière grasse) pendant 5 minutes, le temps que les feuilles colorent. Sortir du feu et mélanger à la ricotta. Saler, poivrer, incorporer l'œuf puis ajouter le parmesan et une pincée de noix de muscade. Mélanger. On doit obtenir une pâte consistante mais encore moelleuse.
3. Préchauffer votre four à 180°C.
4. Dans une grande casserole porter à ébullition de l'eau puis saler. Plonger dedans les pâtes conchiglionis et mélanger doucement de temps en temps pendant la cuisson. Cuire 5 minutes de moins que le temps indiqué sur le paquet (dans mon cas, 15 minutes donc 10). Égoutter avec une écumoire et les poser les uns à côté des autres sur la sauce dans le plat à four.
5. Remplir chaque pâte avec de la farce et saupoudrer de parmesan. Ajouter quelques pignons sur le dessus pour la décoration.
6. Enfourner pendant 30 minutes environ jusqu'à ce que le tout soit bien gratiné.

QUANTITÉ : POUR 20 PÂTES

DIFFICULTÉ :

INGRÉDIENTS

- 20 PÂTES CONCHIGLIONIS
- 500 G D'ÉPINARDS FRAIS
- 300 G DE RICOTTA
- 1 ŒUF
- 100 G DE PARMESAN RÂPÉ + UN PEU POUR GRATINER
- 1 PINCÉE DE NOIX DE MUSCADE
- SEL ET DU POIVRE
- 400 G DE SAUCE TOMATE
- 1 GOUSSE D'AIL
- 1 CUILLÈRE À SOUPE D'HUILE D'OLIVE
- 1 POIGNÉE DE PIGNONS DE PINS

Tian Légumes
MOZARELLA CHORIZO

QUANTITÉ : POUR 4 PERSONNES
DIFFICULTÉ : ★★★

INGRÉDIENTS

- 4 TOMATES
- 2 COURGETTES
- DES RONDELLES DE CHORIZO
- 2 BOULES DE MOZZARELLA
- SEL
- POIVRE
- FINES HERBES
- HUILE D'OLIVE

Préparation

1. Laver et couper les tomates et courgettes en rondelles fines.
2. Pour le chorizo, retirer la peau, puis détailler des rondelles pas trop épaisses.
3. Couper des rondelles de mozzarella.
4. Prendre un plat allant au four, puis placer rondelles de tomates, courgettes, chorizo, tomates, courgettes, mozzarella et ainsi de suite.
5. Saler, poivrer, le dessus du plat.
6. Parsemer de fines herbes, passer un filet d'huile sur toute la surface de la préparation.
7. Enfourner 35 mn à 200 degrés.

Idées pour varier :

- Ajouter des aubergines.
- Remplacer le chorizo par du jambon sec.
- Remplacer la mozzarella par des rondelles de chèvre.

Boulettes poulet
LAQUÉE AU GINGEMBRE

QUANTITÉ : POUR 4 PERSONNES
DIFFICULTÉ : ★★★

INGRÉDIENTS

- 4 ESCALOPES DE POULET
- 1 BROCOLI
- 2 CM GINGEMBRE FRAIS
- 2 OIGNONS NOUVEAUX
- 1 GOUSSE AIL
- HUILE D'OLIVE

POUR LA SAUCE

- 2 CUILLÈRES À SOUPE HUILE DE SÉSAME
- 4 CUILLÈRES À SOUPE BEURRE DE CACAHUÈTES CRÉMEUX
- 1 ORANGE À JUS
- 10 CUILLÈRES À SOUPE SAUCE SOJA
- 10 CUILLÈRES À SOUPE MIEL
- 6 CUILLÈRES À SOUPE VINAIGRE DE CIDRE
- SEL ET POIVRE

Préparation

1. Préchauffer votre four à 180°C.
2. Emincer finement les oignons nouveaux. Peler et dégermer l'ail. Peler et râper le gingembre. Ôter le pied et détacher les fleurettes du brocoli.
3. Passer le poulet au hachoir puis ajouter les oignons nouveaux, la gousse d'ail pressée et le gingembre râpé. Saler et poivrer puis mélanger bien. Former des boulettes de la taille d'une balle de golf.
4. Préparer une plaque recouverte de papier cuisson et déposer les boulettes de poulet et le brocoli. Arroser le brocoli d'huile d'olive, saler et poivrer puis enfourner le tout pour 15 minutes.
5. Pendant ce temps, préparer la sauce. Dans une petite casserole, mélanger l'huile de sésame, la sauce soja, le jus de l'orange, le beurre de cacahuètes, le miel, le vinaigre de cidre. Poivrer selon votre goût. Porter à ébullition et laissez cuire pendant environ 5 minutes jusqu'à ce que la sauce épaississe et réduise.
6. Verser la moitié de la sauce sur les boulettes et mélanger pour les enrober. Remettre 3 minutes au four. Servir avec du riz blanc et le reste de sauce.

Ceviche Poisson
AUX AGRUMES

QUANTITÉ : POUR 2 PERSONNES
DIFFICULTÉ :

INGRÉDIENTS

- 300 G DE FILETS DE POISSON BLANC, CRU
- 1 ORANGE
- 1 CITRON VERT
- 6 TOMATES CERISES
- 1/2 CONCOMBRE
- 1/2 OIGNON ROUGE
- CORIANDRE FRAÎCHE OU CIBOULETTE
- 2 CUILLÈRES À SOUPE D'HUILE D'OLIVE
- SEL ET POIVRE

Préparation

1. Découper les filets de poisson en dés d'1 cm de côté. Les déposer dans un saladier.
2. Laver le citron vert, prélever quelques zestes, réserver, puis le presser entièrement. Verser le jus de citron et l'huile d'olive sur le poisson. Presser l'orange et verser dessus. Couvrir et réfrigérer pendant au moins 20 minutes, et jusqu'à 1 heure (pas plus sinon le poisson va cuire avec l'acidité du citron).
3. Découper les tomates et concombre, puis ajouter au saladier.
4. Émincer finement l'oignon rouge.
5. Hacher la coriandre au couteau.
6. Assaisonner de sel, poivre, Servir très frais.

Idées pour varier :

- Crevettes
- Saumon
- Ajouter des morceaux de suprême d'orange ou pamplemousse.

Salade d'Orzo
MÉDITERRANÉENNE

Préparation

1. Dans une grande casserole d'eau bouillante salée, cuire les pâtes pendant environ 7 minutes ou jusqu'à ce qu'elles soient al dente.
2. Égoutter les pâtes, les rincer sous l'eau froide et les égoutter de nouveau.
3. Dans un grand bol, mélanger le jus de citron, l'huile, le miel, le sel, le poivre et l'origan.
4. Ajouter les pâtes, le poivron rouge, la féta, les olives, les tomates séchées, les pousses d'épinards, le basilic et l'oignon rouge et mélanger.

(Vous pouvez préparer la salade à l'avance et la mettre dans un contenant hermétique. Elle se conservera jusqu'au lendemain au réfrigérateur.)

QUANTITÉ : POUR 4 PERSONNES
DIFFICULTÉ :

INGRÉDIENTS

- 1 TASSE D'ORZO OU AUTRES PETITES PÂTES
- 2 C.S DE JUS DE CITRON
- 2 C.S D'HUILE D'OLIVE
- 1/2 C.C DE MIEL LIQUIDE
- 1/4 C.C DE SEL
- 1/4 C.C DE POIVRE NOIR DU MOULIN
- 1 PINCÉE D'ORIGAN SÉCHÉ
- 10 JEUNES POUSSES D'ÉPINARD
- 1/2 POIVRON ROUGE COUPÉ EN DÉS
- 1/4 TASSE DE FÉTA ÉMIETTÉE
- 2 C.S D'OLIVES NOIRES
- 2 C.S DE TOMATES SÉCHÉES
- 2 C.S DE BASILIC FRAIS, HACHÉ
- 2 C.S D'OIGNON ROUGE COUPÉ EN DÉS

Salade MEXICAINE

QUANTITÉ : POUR 4 PERSONNES
DIFFICULTÉ : ★ ★ ★

INGRÉDIENTS

- 1 boîte de maïs
- 1 petit oignon rouge coupé en dés
- 1 tomate
- 1 poivron rouge coupé en lanières
- 1 boîte de haricots noirs de 540 ml, rincés et égouttés
- 1 avocat coupé en dés
- 80 gr de feta émiettée
- Thon en boîte (facultatif)
- Persil plat frais

Pour la vinaigrette:

- 60 ml d'huile d'olive
- 2 c.s jus de citron
- 2 c.s de coriandre fraîche hachée
- Zeste de citron
- 2 c.c d'ail haché ou en poudre
- Sel et poivre au goût

Préparation

1. Egoutter et rincer les haricots rouges.
2. Hacher l'oignon rouge.
3. Couper la tomates en petits cubes.
4. Couper le poivrons cru en très fines lamelles.
5. Tailler l'avocat en dés.
6. Mélanger le tout et ajouter le thon, la feta et le persil.

Idées de vinaigrettes :

- huile d'olive, citron, ail, coriandre
- sauce soja, huile, miel
- Jus d'orange, huile, vinaigre,
- Huile d'olive, moutarde, balsamique
- Huile, concentré de tomate, vinaigre

Salade betterave
POMME DE TERRE ET HARENG

QUANTITÉ : POUR 4 PERSONNES
DIFFICULTÉ : ★★★

INGRÉDIENTS

- 500 G DE BETTERAVES ROUGES CUITES
- 400 G DE POMMES DE TERRE
- 8 HARENGS FUMÉS EN BOÎTE
- 1 OIGNON ROUGE
- 3 C. À SOUPE D'HUILE D'OLIVE
- 1 C. À SOUPE DE VINAIGRE BALSAMIQUE
- 2 C. À SOUPE DE PERSIL FRAIS HACHÉ
- SEL, POIVRE AU GOÛT

Préparation

1. Éplucher les pommes de terre, puis les faire cuire à la vapeur pendant 20 à 25 min jusqu'à tendreté.
2. Quand les pommes de terre sont cuites, égoutter et laisser complètement refroidir.
3. Couper les pommes de terre refroidies ainsi que les betteraves rouges cuites en petits dés.
4. Peler et émincer finement l'oignon rouge.
5. Couper les harengs fumés en morceaux.
6. Mélanger le vinaigre balsamique avec l'huile d'olive, du sel et du poivre dans un saladier.
7. Incorporer les dés de pommes de terre et de betteraves, les morceaux de harengs fumés et le persil haché, puis remuer.
8. Servir bien frais.

Risotto
CHAMPIGNONS

QUANTITÉ : POUR 4 PERSONNES
DIFFICULTÉ : ★★☆

INGRÉDIENTS

- 280 G DE RIZ ROND « SPÉCIAL RISOTTO »
- 250 G DE CHAMPIGNONS
- 1 OIGNON
- 1 GOUSSE D'AIL
- 60 CL DE BOUILLON DE VOLAILLE
- 12 CL DE VIN BLANC
- 2 CUILLÈRES À SOUPE DE CRÈME FRAÎCHE ÉPAISSE
- 40 G DE PARMESAN RÂPÉ
- HUILE D'OLIVE, SEL, POIVRE

Préparation

1. Commencer par nettoyer les champignons. Les couper en quatre. Les cuire 8 minutes dans une poêle avec 3 cuillères à soupe d'huile d'olive et la gousse d'ail hachée.

2. Ensuite, préparer le bouillon de volaille : chauffer une casserole d'eau et faire dissoudre le cube de bouillon de volaille. Maintenir ce bouillon à petite ébullition tout au long de la recette.

3. Dans une grande casserole, faire revenir l'oignon émincé dans 3 cuillères à soupe d'huile d'olive jusqu'à ce qu'il blondisse un peu.

4. Ajouter le riz pour risotto et mélanger constamment jusqu'à ce qu'il devienne translucide. Le riz doit être « nacré ». Verser ensuite le vin blanc. Quand celui-ci est totalement absorbé, incorporer une louche de bouillon de volaille chaud et cuire en remuant jusqu'à ce que le bouillon soit totalement évaporé. Renouveler l'opération en ajoutant le reste du bouillon au fur et à mesure de son absorption. Il faut bien remuer régulièrement. Compter environ 20 à 25 minutes de cuisson.

5. Saler, poivrer, ajouter les champignons puis incorporer la crème et le parmesan. Mélanger et servir aussitôt!

Gnocchi
MAISON

QUANTITÉ : POUR 4 PERSONNES

DIFFICULTÉ : ★★★

INGRÉDIENTS

- 600 G DE POMMES DE TERRE À CHAIR FARINEUSE
- 150 G ENVIRON FARINE + POUR ÉTALER
- 1 JAUNE OEUF (20G)
- SEL
- NOIX DE MUSCADE

Préparation

1. Mettre les pommes de terre dans une casserole d'eau froide avec du gros sel et une feuille de laurier et faire cuire pendant 40 min environ.
2. Elles doivent être fondantes, le temps dépend de leur taille. On peut aussi cuire les pommes de terre à la vapeur épluchées et coupées en dés (c'est plus rapide).
3. Eplucher le s pommes de terre à chaud et le s passer au presse purée ou moulin à légumes. Poser le tout sur un plan fariné. Attendre qu'elles tiédissent, former un trou et ajouter la moitié de la farine et l'oeuf puis les incorporer aux pommes de terre. Saler et ajouter une pincée de noix de muscade.
4. Ajouter le reste de farine et travailler la pâte afin d'obtenir une boule lisse et homogène. Couper une tranche, former des saucissons de pâte de 1-2 cm de largeur puis couper en tronçons de 1 cm. Les rouler sur le dos ou dans le creux d'une fourchette de manière à créer des sillons et un trou au coeur. Les fariner, les poser sur un torchon les uns à côté des autres.
5. Porter de l'eau à ébullition, saler et y plonger délicatement (à l'aide du torchons), les gnocchi
6. Dès qu'ils remontent à la surface les égoutter délicatement et les assaisonner.

Idées de sauce :

- Champignons
- Tomates et basilic
- Façon carbonnara

One pot PASTA

QUANTITÉ : POUR 4 PERSONNES

DIFFICULTÉ : ★ ★ ★

INGRÉDIENTS

- 2 BLANCS DE POULET
- 6 TOMATES CERISES OU AUTRES LÉGUMES
- 1 BOÎTE DE 400 G DE PULPE DE TOMATE
- L'ÉQUIVALENT D'UNE DEMI— BOÎTE DE PULPE DE TOMATES VIDE REMPLIE D'EAU
- 200 G DE PÂTES
- 1 BOÎTE DE FROMAGE FRAIS NATURE (150 G)
- 60 G DE PARMESAN
- 2 CUILLERÉES À SOUPE D'HUILE D'OLIVE
- 1 CUILLERÉE À CAFÉ D'ORIGAN SÉCHÉ
- 1 OIGNON
- QUELQUES BRINS DE CIBOULETTE FRAÎCHE
- QUELQUES FEUILLES DE BASILIC FRAIS
- SEL ET POIVRE

Préparation

1. Peler et émincer finement l'oignon. Le déposer dans le faitout. Laver la ciboulette et les tomates cerises, les égoutter. Garder six tomates cerise pour la décoration. Couper les blancs de poulet en dés de taille moyenne.

2. Déposer dans un faitout à côté de l'oignon les tomates, le poulet et les pâtes. Recouvrir avec l'huile d'olive, la pulpe de tomate et l'eau. Saupoudrer d'origan et de ciboulette finement ciselée. Saler assez peu, poivrer et couvrir. Faire cuire cette préparation pendant 15 minutes en remuant toutes les 5 minutes. Prolonger de 5 minutes si l'on trouve que la cuisson est un peu juste.

3. Hors du feu, ajouter le fromage frais et bien mélanger. Saupoudrer le plat de parmesan et laisser reposer 5 minutes.

4. Rectifier l'assaisonnement et mélanger avant de servir. Ajouter du basilic frais et trois tomates cerises par assiette.

Galette de polenta
PESTO TOMATES

QUANTITÉ : POUR 4 PERSONNES

DIFFICULTÉ :

INGRÉDIENTS

- 75CL LAIT
- 180G POLENTA
- 2 JAUNES D'OEUF
- 1 PINCÉE MUSCADE
- 25G BEURRE
- 2 CUILLÈRE. À SOUPE D'HUILE
- 100G PARMESAN RÂPÉ

GARNITURE :

- TOMATES CERISES
- PESTO
- PIGNONS DE PIN

Préparation

1. Porter le lait à ébullition, puis mettre la polenta. Mélanger en continu pendant environ 10 min puis retirer la casserole du feu.
2. Ajouter les jaunes d'oeuf, du sel, du poivre, le beurre et le parmesan râpé. Mélanger, puis verser cette préparation dans un grand plat ou une lèche-frite (plaque de cuisson) couvert de papier sulfurisé. Laissez reposer 15 min.
3. Découper des disques d'environ 4 cm de diamètre dans le plat.
4. Faire chauffer l'huile dans une grande sauteuse et placer les galettes. Faire sauter jusqu'à ce qu'elles colorent.

Pour la garniture :

1. Faire cuire 10min les tomates cerises avec du sel, poivre et un filet d'huile d'olive.
2. Déposer sur la galette une cuillère de pesto.
3. Ajouter les tomates rôties.
4. Un quart de burratta ou du jambon sec par dessus et encore plus de gourmandises.

Cannelloni courgette À LA BOLOGNAISE

QUANTITÉ : POUR 4 PERSONNES
DIFFICULTÉ : ★ ★ ☆

INGRÉDIENTS

- 2 COURGETTES
- 2 TOMATES
- 250G BOEUF HACHÉ
- 4 C.S DOUBLE CONCENTRÉ DE TOMATE
- 20 CL CRÈME FRAÎCHE
- MOZZARRELLA RÂPÉE
- 1 OIGNON
- 2 GOUSSES D'AIL
- THYM
- 2 MORCEAUX DE SUCRE
- SEL
- POIVRE
- HUILE D'OLIVE

Préparation

1. Dans un faitout, faire revenir l'oignon, l'ail finement hachés dans l'huile d'olive. Ajouter le bœuf haché. Cuisson de 10 minutes.
2. Ajouter le thym et les tomates fraîches coupées en petits dés. Saler et poivrer. Ajoutez le sucre en morceaux, (pour l'acidité des tomates). Cuisson de 30 min à feu doux. Retirer les branches de thym. Mixer grossièrement.
3. Préchauffer le four à 180°C. Laver et essuyer les courgettes. Couper à la mandoline afin d'obtenir des fines lamelles de courgette.
4. Mettre à plat les lamelles de courgette. Déposer la préparation bœuf, tomates. Rouler afin d'obtenir des cannellonis. Les déposer dans un plat allant au four bien serrés. (si il vous reste des lamelles de courgettes, ajoutez-les dans votre plat).
5. Chauffer la crème liquide. Ajouter le double concentré de tomate. Ajouter le sucre. Saler, poivrer.
6. Verser autour des cannellonis de courgettes. Parsemer de mozzarella râpée. Cuisson de 30 à 45 min.

Tarte
BRIE, NOIX & MIEL

QUANTITÉ : POUR 4 PERSONNES
DIFFICULTÉ :

INGRÉDIENTS

- UNE BÛCHE DE CHÈVRE OU FROMAGE CHÈVRE FRAIS OU BRIE
- 1 PÂTE FEUILLETÉE
- 1 OIGNON
- 1 PETIT POT DE CRÈME FRAÎCHE
- DU FROMAGE RÂPÉ
- 2 À 3 C.C DE MIEL
- 150 G NOIX
- SEL, POIVRE

Préparation

1. Couper finement et faire revenir l'oignon à la poêle avec de l'huile d'olive.
2. Mouiller un peu avec de l'eau jusqu'à ce qu'il dore.
3. Puis ajouter une bonne cuillère à café de miel, mélanger et laisser cuire l'oignon pour qu'ils soit fondant.
4. Dérouler la pâte sur le moule à tarte.
5. Étaler la crème fraîche au fond du moule et déposer l'oignon cuit. Saler et poivrer.
6. Couper la bûche de chèvre en tranches, déposer les tranches sur les oignons.
7. Ajouter les. noix en brisures.
8. Terminer par une couche de fromage râpé.
9. Enfournez 15/20 minutes à 210°C.

Tataki thon
SÉSAME, SAUCE CACAHUÈTE

QUANTITÉ : POUR 4 PERSONNES

DIFFICULTÉ :

INGRÉDIENTS

- 500G DE THON ROUGE
- 3 C.S DE SAUCE SOJA
- 2 C.S D'HUILE DE SÉSAME
- 3CM DE GINGEMBRE FRAIS
- 1 CITRON VERT
- 3 C.S DE GRAINES DE SÉSAME (SI POSSIBLE UN MÉLANGE DE SÉSAME BLOND ET NOIR)

POUR LA SAUCE :

- 4 C.S DE BEURRE DE CACAHUÈTES
- 2 C.S DE SAUCE SOJA
- 0.5 CITRON VERT
- 1 MORCEAU DE GINGEMBRE FRAIS

Préparation

1. Couper le thon en 4 steaks épais rectangulaires.
2. Préparer la marinade en mélangeant tous les ingrédients sauf le sésame (sauce soja, huile de sésame, gingembre épluché et râpé, zeste et jus de citron vert).
3. Faire mariner les steaks de thon 1 heure au frais (pas plus pour ne pas les cuire dans le citron).
4. Mettre une poêle à chauffer.
5. Rouler les steaks de thon dans les graines de sésame et saisisser le thon très rapidement sur chaque face. Il doit rester cru à l'intérieur.
6. Laisser reposer 3 à 5 minutes avant de couper en fines tranches de 3mm d'épaisseur.
7. Server immédiatement avec la sauce.

Pour la sauce :

1. Presser un demi-citron pour en extraire le jus puis verser dans un bol.
2. Ajouter le beurre de cacahuètes ainsi que la sauce soja. Mélanger avec une cuillère.
3. Presser un petit morceau de gingembre frais et le mettre dans la sauce. C'est déjà prêt !

Œufs Mimosa
SAUMON

QUANTITÉ : POUR 4 PERSONNES
DIFFICULTÉ : ★ ★ ★

INGRÉDIENTS

- 4 ŒUFS
- 70 G DE THON AU NATUREL
- 2 TRANCHES DE SAUMON FUMÉ
- 2 PETITS-SUISSES
- 1 ÉCHALOTE
- 1 C.C DE MOUTARDE DE DIJON
- 1 PINCÉE DE PIMENT D'ESPELETTE
- QUELQUES FEUILLES DE PERSIL

Préparation

1. Faire cuire les œufs dans une casserole d'eau bouillante pendant 10 minutes, puis les refroidir sous l'eau et enlever la coquille.

2. Les couper en deux, prélever délicatement les jaunes et réserver les blancs.

3. Râper les jaunes d'œufs ou les écraser à la fourchette.

4. Mélanger le reste avec les Petits-Suisses, la moutarde, l'échalote pelée et hachée, le piment, le thon égoutté et émietté, le persil lavé et ciselé. Répartir dans les creux des blancs d'œufs.

5. Couper le saumon en lamelles et le déposer sur chaque œuf, ajouter des câpres ou des herbes fraîches.

Papillotte
SAUMON COCO POIREAUX

QUANTITÉ : POUR 4 PERSONNES
DIFFICULTÉ : ★★★

INGRÉDIENTS

- 4 PAVÉS DE SAUMON
- 4 POIREAUX
- 1 C. À CAFÉ DE CURRY
- 20 CL DE LAIT DE COCO
- 2 BRINS DE PERSIL
- SEL ET POIVRE

Préparation

1. Préchauffer le four à 180°C.
2. Laver et émincer finement les poireaux. Les faires blanchir 2 minutes dans une casserole d'eau bouillante salée, puis égoutter.
3. Laver et ciseler le persil. Préparer quatre grands rectangles de papier sulfurisé et disposer sur chacun une couche de poireaux.
4. Déposer par-dessus un pavé de saumon, puis saupoudrer de curry et de persil. Saler et poivrer.
5. Replier les bords du papier et torsader les extrémités comme un gros bonbon, en aménageant une ouverture sur le dessus.
6. Arroser de lait de coco par l'ouverture, puis fermer et enfourner pour 10 minutes. Servir chaud !

Poisson vapeur
SAUCE CURRY

QUANTITÉ : POUR 4 PERSONNES
DIFFICULTÉ : ★★★☆

INGRÉDIENTS

- 4 PAVÉS DE POISSON BLANC
- 1 POIVRON ROUGE
- 1 OIGNON
- 20 CL DE LAIT DE COCO
- 1 C.S DE CURRY EN POUDRE
- 1/2 C.C DE PÂTE DE CURRY
- 1/2 BATON DE CITRONNELLE
- FEUILLE DE LAURIER
- SEL, POIVRE

Préparation

1. Nettoyer le poivron, ôter sa partie blanche et ses pépins, puis l'émincer finement. Peler l'oignon et l'émincer finement également.

2. Prendre 4 feuilles de papier cuisson et déposer sur chacune un pavé de poisson. Couvrir avec les morceaux de poivron et d'oignon, saler, poivrer, puis refermer les papillotes.

3. Placer les papillotes dans le cuiseur vapeur et faire cuire 10 minutes.

4. Pendant ce temps, faire chauffer dans une casserole (à feu doux) le lait de coco avec la pâte de curry et le curry en poudre. Saler, poivrer et remuer.

5. Dès que le poisson est cuit, arroser de sauce au curry.

6. Servir avec du riz blanc ou des pommes de terres vapeur.

Aumonière
MAQUEREAU ET OSEILLE

QUANTITÉ : POUR 4 PERSONNES
DIFFICULTÉ :

INGRÉDIENTS

- 4 FEUILLES DE BRICK
- 2 BOÎTES DE MAQUEREAU AU NATUREL
- 1 BOTTE D'OSEILLE
- 1 ÉCHALOTE
- 1 BRIN DE PERSIL
- 2 C. À SOUPE DE CRÈME FRAÎCHE ALLÉGÉE
- 1 NOIX DE BEURRE ALLÉGÉ
- SEL, POIVRE

Préparation

1. Nettoyer et effeuiller l'oseille.
2. Peler et hacher finement l'échalote. Nettoyer le persil et le ciseler. Faire fondre le beurre dans une poêle et faire revenir l'échalote 2 à 3 minutes.
3. Puis ajouter les feuilles d'oseille et le persil, couvrir et faire réduire pendant 5 minutes.
4. Ouvrir les boîtes de maquereau et égoutter les filets. Emietter la chair en veillant à bien ôter toutes les arêtes.
5. Hors du feu, ajouter les morceaux de maquereau dans la poêle, puis la crème, du sel et du poivre. Mélanger le tout.
6. Préchauffer le four à 180°C.
7. Couper les feuilles de brick en 4 quarts. Déposer un petit tas de farce au centre de chaque quart de brick. Remonter ensuite les bords et nouer les extrémités pour fermer les aumônières.
8. Enfourner les mini aumônières pendant 15 à 20 minutes.
9. Servir avec une salade fraîche !

Clafoutis
BLETTE ET JAMBON

QUANTITÉ : POUR 6 PERSONNES
DIFFICULTÉ :

INGRÉDIENTS

- 200G DÉS DE JAMBON
- 700 ML DE LAIT
- 500 G DE BLETTES
- 3 OU 4 CHAMPIGNONS DE PARIS
- 150 G DE FARINE
- 5 OEUFS
- 3 C. À SOUPE DE CRÈME FRAÎCHE
- 1 C.S PERSIL
- HUILE D'OLIVE
- SEL, POIVRE

Préparation

1. Préchauffer le four à 210°C.
2. Laver les blettes et couper le blanc en tronçons.
3. Faire chauffer de l'eau dans une casserole et y plonger les tronçons de blettes pendant 10 minutes. Egoutter.
4. Prendre le vert des blettes (les feuilles) et couper grossièrement. Huiler une grande poêle et déposer dedans les feuilles de blettes et les dés de jambons et champignons de paris en tranches fines. Saler, poivrer.
5. Répartir ensuite dans un grand plat allant au four les dés de jambon, les tronçons de blettes et le vert des blettes réduit.
6. Dans une terrine, battre les oeufs en omelette avec la crème fraîche, puis ajouter la farine tamisée petit à petit et sans cesser de remuer. Verser ensuite le lait, peu à peu, toujours en remuant. Saupoudrer de persil, saler, poivrer et mélanger. Verser la préparation dans le plat et enfourner pour 40 minutes environ.

Crab Cake
A L'AMÉRICAINE

QUANTITÉ : POUR 4 PERSONNES
DIFFICULTÉ :

INGRÉDIENTS

- 400 G DE CHAIR DE CRABE
- 125 G DE BISCOTTES
- 90 G DE MAÏS SANS SUCRE AJOUTÉ
- 1 POIVRON ROUGE
- 1 OIGNON VERT
- 1 CUILLÈRE À SOUPE DE PERSIL HACHÉ
- 1 ŒUF
- SEL ET POIVRE

Préparation

1. Préchauffer le four à 200°C.
2. Laver le poivron, retirer le pédoncule et les pépins et hacher finement. Peler l'oignon et hacher finement. Écraser les biscottes pour en faire de la chapelure.
3. Égoutter la chair de crabe si elle est en boîte. Égoutter le maïs. Cassez l'œuf dans un bol et le battre.
4. Dans un saladier, mélanger l'œuf battu avec la chair de crabe, l'oignon et le poivron hachés, le persil et le maïs. Saler et poivrer.
5. Mélanger bien, puis former des boulettes avec vos mains humides. Déposer dans une assiette et réfrigérer 10 minutes.
6. Étaler la chapelure dans une assiette. Rouler les boulettes dedans l'une après l'autre et déposer sur une plaque de four recouverte de papier de cuisson.
7. Enfourner pour 25 minutes en retournant à mi-cuisson.
8. Déguster avec une sauce au fromage blanc.

Nuggets
CORN FLAKES

QUANTITÉ : POUR 4 PERSONNES

DIFFICULTÉ : ★ ★ ★

INGRÉDIENTS

- 6 AIGUILLETTES DE POULET 200 G
- 1 OEUF
- 25 G DE FARINE
- 50 G DE CORNFLAKES
- 20 G DE BEURRE
- 1 BONNE PINCÉE DE PAPRIKA
- 1 PETITE PINCÉE DE PIMENT D'ESPELETTE
- 1 PINCÉE DE SEL

Préparation

1. Préparer 4 ramequins. Couper les aiguillettes de poulet en 2 ou 3 selon leur taille. Dans le second, casser un oeuf et le battre en omelette. Dans le troisième, mettre la farine, le paprika, le piment d'Espelette et mélanger. Et enfin dans le dernier, déposer les corn flakes légèrement écrasés entre les doigts.

2. Déposer les cubes de poulet d'abord dans la farine. Les enrober puis secouer (pour faire tomber l'excédent de farine) avant de les plonger dans l'oeuf battu.

3. Une fois que tous les morceaux sont bien enrobés d'oeuf, plonger les dans les cornflakes émiettés.

4. Faire fondre le beurre dans la poêle. Quand il est fondu, déposer les cubes de poulet enrobés de cornflakes.

5. Faire cuire 6 à 7 minutes à feu moyen. Saler et servir.

Empanadas
BOEUF HACHÉ

QUANTITÉ : POUR 4 PERSONNES
DIFFICULTÉ : ★★★

INGRÉDIENTS

- 2 ROULEAUX DE PÂTE BRISÉE
- 400 GRAMMES DE VIANDE HACHÉE
- 1 OIGNON
- 3 POMMES DE TERRE
- 3 OEUFS
- 1 CUILLÈRE À CAFÉ DE CUMIN
- 1 CUILLÈRE À CAFÉ DE PAPRIKA
- 2 CUILLÈRES À SOUPE D'HUILE D'OLIVE
- SEL
- POIVRE

Préparation

1. Préparer la farce de vos empanadas : peler et émincer l'oignon.
2. Eplucher les pommes de terre et les couper en petits dés. Faire cuire dans un grand volume d'eau salée durant 8 minutes. Réserver.
3. Cuire les oeufs dans un grand volume d'eau pendant 9 minutes de sorte qu'ils soient durs. Une fois cuits, écaler les oeufs et les couper en petits dés.
4. Dans une poêle, faire revenir l'huile d'olive avec l'oignon émincé et une pincée de sel. Ajouter la viande hachée et les épices. Quand la viande est bien saisie, saler et poivrer puis retirez du feu.
5. Ajouter les pommes de terre et les oeufs. Mélanger.
6. Préchauffer le four à 180°c.
7. Découper des disques de 8 cm de diamètre dans la pâte brisée.
8. Placer un peu de farce au centre de chaque disque et fermer de sorte à obtenir la forme de chausson de l'empanadas. Pincer les bords pour bien les souder.
9. Déposer les empanadas sur une plaque allant au four et recouverte de papier sulfurisé. Enfourner pour 10 minutes

Repas sur le pouce
POUR LE TRAVAIL

Poke Bowl
EN LUNCH BOX

Préparation

Découper chacun des ingrédients et les placer joliment dans la lunch box, assaisonner avec de la sauce soja sucrée ou salée (selon vos goûts) Vous pouvez varier avec poulet, crevettes, poissons crus, boeuf en tataki et pleins d'autres légumes en crudités et fruits.

INGRÉDIENTS

- THON OU SAUMON
- RIZ À SUSHI
- AVOCAT
- FÈVES
- SALADE
- CHOUX ROUGES
- DÉS DE MANGUE

Salade
EN BOCAL

Préparation

1. placer au fond du bocal la vinaigrettes pour ne pas qu'elle cuise les autres aliments de la salade. Placer les pois chiches d'abord car il supporteront bien la vinaigrette. Ensuite superposer les couches.
2. Au moment de manger vous avez juste à secouer votre bocal !

INGRÉDIENTS

- PÂTE CUITES
- ROQUETTE
- MOZZARELLA
- OLIVES NOIRES
- TOMATES CERISES
- POIS CHICHES
- VINAIGRETTE

Gaspacho
EPINARDS CONCOMBRE

Préparation

Mixer tout les ingrédients ensemble et passer au tamis si besoin pour que ce soit bien lisse. A accompagner avec une source de protéine : jambon cru, viande des grisons, crevettes ... etc.

INGRÉDIENTS

- JEUNES POUSSES D'ÉPINARD FRAÎCHES
- CONCOMBRE
- SEL ET POIVRE
- PHILADELPHIA
- PERSIL

Club
SANDWICH

Préparation

1. Faire toaster votre pain pour qu'il reste bien croustillant, badigeonner de tzaziki puis ajouter les autres ingrédients. Couper en deux en triangle pour faciliter la prise en main.

INGRÉDIENTS

- PAIN COMPLET OU AUX CÉRÉALES
- TZAZIKI
- POULET GRILLÉ
- POIVRONS MARINÉS
- TOMATES
- FEUILLES DE MENTHE

Wrap
FRAÎCHEUR

Préparation

Badigeonner la tortilla d'avocat, ajouter les tranches de jambons crus puis les autres légumes. Emietter la feta dessus puis rouler. Découper en deux tronçon pour faciliter le repas.

INGRÉDIENTS

- TORTILLA
- JAMBON CRU
- AVOCAT ECRASÉ
- TOMATES
- OIGNONS ROUGES
- FÉTA

Soupe de nouilles
AUX LÉGUMES BOCAL

Préparation

1. Faire cuire dans un bouillon de légumes les courgettes, champignons et carottes en fines lamelles. Ajouter du gingembre râpé ou en poudre. Ajouter la viande et finir par les nouilles chinoises. Mettre dans un bocal.

INGRÉDIENTS

- NOUILLES CHINOISES
- BOUILLON LÉGUMES
- GINGEMBRE
- COURGETTES
- CAROTTES
- CHAMPIGNONS
- POULET, CREVETTE OU CALAMAR

Les idées
DE SAUCES

Ketchup
DE CAROTTES

Préparation

1. Peler les oignons et les gousses d'ail et les émincer. Emincer les carottes.
2. Faire chauffer l'huile dans une sauteuse et faire revenir l'oignon et l'ail avec les carottes à feu vif. Au bout de 5 minutes, saupoudrer de cassonade et faire caraméliser pendant 3 minutes. Déglacer avec le vinaigre de vin et le vinaigre balsamique. Une fois le vinaigre évaporé, ajouter le gingembre, le paprika, 5 cl eau et le coulis de tomates.
3. Saler et poivrer. Faire cuire pendant 1 heure à couvert à feu très doux en mélangeant de temps en temps et en vérifiant qu'il reste toujours un peu de liquide.
4. Retirer la feuille de laurier et mixer avec le robot en ajoutant 7 cl d'eau jusqu'à l'obtention d'une texture bien lisse.
5. Faire refroidir le ketchup et les placer au réfrigérateur.

QUANTITÉ : POUR 1 POT

DIFFICULTÉ :

INGRÉDIENTS

- 500 G DE CAROTTES
- 2 OIGNONS
- 2 GOUSSES D'AIL
- 2 CUILLÈRES À SOUPE DE VINAIGRE DE VIN
- 1 CUILLÈRE À SOUPE DE VINAIGRE BALSAMIQUE
- 2 CUILLÈRES À SOUPE D'HUILE D'OLIVE
- 1 PINCÉE DE GINGEMBRE EN POUDRE
- 1 PINCÉE DE PAPRIKA
- 1 FEUILLE DE LAURIER
- 50 G DE CASSONADE
- 30 CL DE COULIS DE TOMATE
- 12 CL D'EAU
- SEL, POIVRE

QUANTITÉ : POUR 1 POT
DIFFICULTÉ : ★☆☆

Pesto
MAISON LÉGER

Préparation

1. Mettre les pignons de pin dans une poêle antiadhésive à feu moyen jusqu'à ce qu'ils soient dorés.
2. Ajouter les pignons grillés et tous les autres ingrédients dans un mixeur.
3. Mixer jusqu'à ce que tout soit lisse.
4. Stocker au réfrigérateur pendant 1 semaine max.

INGRÉDIENTS

- 100 G BASILIC FRAIS
- 125 ML EAU
- 20G PARMESAN RÂPÉ
- 2 C.S PIGNONS DE PIN
- 1 C.S HUILE D'OLIVE
- 3 GOUSSES D'AIL
- 1/2 C.CAFÉ SEL

QUANTITÉ : POUR 1 POT
DIFFICULTÉ : ★☆☆

Sauce
TARTARE HEALTHY

Préparation

1. hâcher les cornichons et les oignons
2. Mettre tous les ingrédients dans un bol moyen pour les mélanger, en remuant jusqu'à obtenir un mélange homogène.
3. Stocker au réfrigérateur jusqu'à 1 semaine max.

INGRÉDIENTS

- 125 G YAOURT GREC
- 58 G MAYONNAISE
- 55G CORNICHON HACHÉ
- 3 C.S OIGNON HACHÉ
- 1 C.C MOUTARDE
- 1C.C JUS DE CORNICHON
- 1C.C JUS DE CITRON

Sauce
AIGRE DOUCE LÉGÈRE

QUANTITÉ : POUR 1 POT
DIFFICULTÉ : ★ ☆ ☆

INGRÉDIENTS

- 250 ML JUS D'ORANGE
- 60 ML VINAIGRE DE RIZ
- 1 C.SOUPE SUCRE BRUN
- 2 C.SOUPE KETCHUP
- 2 C.SOUPE EAU FROIDE
- 1 C.SOUPE MAÏZENA
- 1 ÉCRASÉ POIVRON ROUGE

Préparation

1. Combiner le jus d'orange, le vinaigre, le sucre brun et le ketchup dans une petite casserole.
2. Faire mijoter à feu moyen-vif pendant 5 minutes.
3. Mélanger l'eau et la maïzena pour créer une « boue », puis ajouter le tout dans la casserole.
4. Réduire à feu moyen-bas et remuer jusqu'à épaississement.
5. Stocker au réfrigérateur jusqu'à 1 semaine max.

Tzaziki
MAISON / PITA

QUANTITÉ : POUR 3 PERSONNES
DIFFICULTÉ : ★ ☆ ☆

INGRÉDIENTS

- 1 GROS CONCOMBRE
- 200G YAOURT GREC
- 4 GOUSSES D'AIL
- 1 C.S D'HUILE D'OLIVE
- 1 C.S DE FEUILLES DE MENTHE HACHÉES (ON PEUT METTRE AUSSI DE L'ANETH)
- 1 PINCÉE DE SEL
- 1 PINCÉE DE POIVRE

PAIN PITA
RONDELLES DE CONCOMBRES

Préparation

1. Eplucher les concombres.
2. Les fendre en deux et à l'aide d'une petite cuillère, ôter les graines puis les râper.
3. Mettre dans une passoire et appuyer avec les mains pour l'essorer un maximum.
4. Eplucher les gousses d'ail et les écraser.
5. Laver, sécher et hacher la menthe.
6. Dans un saladier, mettre les filaments de concombre égouttés, les yaourts, la menthe, l'ail, ajouter une cuillère à soupe d'huile d'olive et assaisonner avec le sel et le poivre.
7. Mélanger et réserver au réfrigérateur jusqu'au moment de servir.

Se déguste avec des pains pita ou en trempant des crudités dedans pour l'apéritif !

Les idées
GOÛTERS/COLLATIONS

Les SMOOTHIES

Fraise

- 75G FRAISES
- 1/4 BANANE
- GLAÇONS

Banane

- 1 BANANE
- 10CL LAIT DE COCO
- GLAÇONS

Kiwi

- 1 KIWI
- 1/4 BANANE
- GLAÇONS

Myrtille

- 75G MYRTILLES
- 1/4 BANANE
- GLAÇONS

Les TARTINES

Les salées

Tomate

- PAIN TOASTÉ
- TOMATE
- BURRATTA
- BISILIC

Saumon

- PAIN TOASTÉ
- SAUMON FUMÉ
- PHILADELPHIA OU ST MORÊT

Avocat

- PAIN TOASTÉ
- AVOCAT
- PHILADELPHIA OU ST MORÊT

Concombre

- PAIN TOASTÉ
- RICOTTA
- CONCOMBRE
- SEL ET POIVRE

Kales

- PAIN TOASTÉ
- CHOU KALE
- RICOTTA
- OEUF SUR LE PLAT

Gouda

- PAIN TOASTÉ
- AVOCAT
- GOUDA TRANCHÉ
- RADIS

Dinde

- PAIN TOASTÉ
- BLANC DE DINDE
- PHILADELPHIA OU ST MORÊT

Guacamole

- PAIN TOASTÉ
- GUACAMOLE
- TOMATE

Les TARTINES

Les sucrées

Banane

- PAIN TOASTÉ
- BEURRE DE CACAHUÈTES
- BANANE

Fraise

- PAIN TOASTÉ
- CHOCOLAT FONDU
- FRAISE

Myrtilles

- PAIN TOASTÉ
- BEURRE DE CACAHUÈTES
- MYRTILLES

Nectarine

- PAIN TOASTÉ
- RICOTTA OU YAOURT
- NECTARINE

Framboises

- PAIN TOASTÉ
- FROMAGE FRAIS
- FRAMBOISES

Figues

- PAIN TOASTÉ
- FROMAGE FRAIS
- FIGUES

Les PAINS

Il existe un grand nombre de pains différents de nos jours ! Et vous l'aurez compris, la baguette blanche habituelle n'est pas la plus intéressante d'un point de vue nutritionnel, mais il ne faut pas s'en priver pour autant !

La baguette tradition n'a subi aucune surgélation au cours de sa fabrication, et ne contient aucun additif

Le pain au levain a un index glycémique plus faible et permet une meilleure assimilation des différents minéraux et vitamines du pain grâce au levain qui permet de digérer l'acide phytique, un anti-nutriment qui empêche leur bonne absorption.

Le pain complet est plus riches en fibres, en vitamines, et en minéraux. Son index glycémique est plus bas. (Attention : pour les personnes ayant des intestins sensibles, le pain complet peut être irritant pour la paroi intestinale... à introduire progressivement pour ceux qui n'y sont pas habitués)

Le pains aux céréales apportent en plus les nutriments présents dans les céréales, et est composé de plusieurs farines différentes.

Les pains faits avec plusieurs farines permettent un apport encore plus diversifié en micronutriments : le pain de campagne qui mélange farine de blé et farine de seigle, le pain de seigle composé en majorité de farine de seigle, les pains d'épeautre et petit épeautre qui limitent le gluten, ...

Un large choix s'offre donc à vous ! N'hésitez pas à varier.

Les idées
PETITS-DÉJEUNERS

Les BOISSONS

Matcha Latte

- 25 CL LAIT ENTIER
- 0,5 CUIL. À CAFÉ THÉ MATCHA EN POUDRE
- 1 CUIL. À CAFÉ MIEL

Thé Chaï

- 15 CL EAU
- 9 CL LAIT
- 13 G SUCRE
- ÉPICES A CHAÏ (ANIS, CARDAMONE, BADIANE, CANNELLE)

Iced Coffee

- 1 VERRE GLAÇONS
- 2 C.C À CAFÉ DE CAFÉ SOLUBLE
- 150 ML EAU FROIDE
- SUCRE
- 3 C.S LAIT

Chocolat à l'ancienne

- 0,5 L LAIT ENTIER
- 75 G CHOCOLAT NOIR À 70 % DE CACAO

Les JUS DE FRUITS

CAROTTE — ORANGE — CITRON

POMME — KIWI — GINGEMBRE

PAMPLEMOUSSE — ORANGE — CITRON

L'astuce
L'EXTRACTEUR DE JUS OU CENTRIFUGEUSE

L'extracteur de jus est un appareil qui permet d'extraire le jus de la fibre des fruits et légumes, tout en préservant tous leurs bienfaits.

CITRON ANANAS
FRAISES

PASTÈQUE POMME

ANANAS COCO
GINGEMBRE

PAMPLEMOUSSE ORANGE
CITRON

Les SMOOTHIES BOWLS

Mangue coco

- 1/2 MANGUE CONGELÉE
- 1/2 BANANE CONGELÉE
- 10 CL DE LAIT DE COCO
- 2 C.S DE YAOURT

La recette
1. Mettre tous les fruits, lait de coco et yaourt dans un blender, et mixer finement.
2. Servir dans un bol
3. Décorer selon vos envies ! Ici, bananes, mangue, myrtilles, coco râpée et graines de chia.
4. Votre smoothie bowl est prêt !

Fruits Rouges

- 100G FRAISES CONGELÉES
- 10 CL DE LAIT VÉGÉTAL
- 2 C.S YAOURT
- 1 C.S MIEL

La recette
1. Mettre tous les fruits, lait, miel et yaourt dans un blender, et mixer finement.
2. Servir dans un bol
3. Décorer selon vos envies ! Ici, Myrtilles, fraises, banane, et muesli.
4. Votre smoothie bowl est prêt !

Chocolat

- 1 BANANE
- 20 CL DE LAIT VEGETALE
- 1 C.C BEURRE DE CACAHUÈTE
- 1 C.S CACAO POUDRE

La recette

1. Mettre tous les ingrédients dans un blender, et mixer finement.
2. Servir dans un bol
3. Décorer selon vos envies ! Ici, banane, coco râpée, pépites de chocolat et beurre de cacahuètes.
4. Votre smoothie bowl est prêt !

- -

Yaourt

- 150G YAOURT GREC CONGELÉ
- 10 CL DE LAIT VÉGÉTALE
- 1 C.S MIEL

La recette

1. Mettre tous les ingrédients dans un blender, et mixer finement.
2. Servir dans un bol.
3. Décorer selon vos envies ! Ici, oranges, banane, coco en copeaux, muesli.
4. Votre smoothie bowl est prêt !

Pancakes
POMMES ET SARRASIN

QUANTITÉ : POUR 6 PERSONNES
DIFFICULTÉ : ★ ★ ★

INGRÉDIENTS

- 1 POMME
- 100 G DE FARINE DE SARRASIN
- 150 G DE FARINE COMPLÈTE
- 3 OEUFS
- 0,5 LITRE DE LAIT
- CANNELLE
- 1 C. À SOUPE DE SUCRE ROUX
- 1 C. À SOUPE DE NOIX DE COCO RÂPÉE

Préparation

1. Battre le lait et les oeufs, puis incorporer petit à petit le mélange des 2 farines.
2. Incorporer la noix de coco, la cannelle, le sucre.
3. Eplucher la pomme et couper la en petits dés.
4. Ajouter à la préparation.
5. Mélanger et réserver pendant 2 heures
6. Faire cuire les pancakes 1 min environ de chaque face.

<u>Idée de garnitures :</u>

Vous pouvez déguster avec du sirop d'érables, du miel ou encore des fruits frais.

Gaufres
SANS LACTOSE

QUANTITÉ : POUR 6 PERSONNES
DIFFICULTÉ : ★★☆

INGRÉDIENTS

- 150 G FARINE D'AVOINE (OU FLOCONS D'AVOINE MIXÉS)
- 150 ML LAIT D'AMANDE
- 3 OEUFS
- 2 BANANES (MÛRES)
- 2 C.C D'EAU DE FLEUR D'ORANGER
- 1 CUILLÈRE À CAFÉ LEVURE CHIMIQUE
- 1 SACHET SUCRE VANILLÉ
- 1 PINCÉE SEL

Préparation

1. Dans un cul de poule, écraser à la fourchette les deux bananes jusqu'à obtenir une mixture assez lisse.

2. Ajouter les œufs aux bananes écrasées en mélangeant le tout à la fourchette ou au fouet.

3. Y incorporer la farine, le sel, la levure et le sucre vanillé en continuant de mélanger.

4. Ajouter pour finir le lait et l'eau de fleur d'oranger. Mélanger une dernière fois.

5. Chauffer le gaufrier et huiler légèrement les plaques avant d'y verser 1/2 louche de pâte (pas plus sinon gare aux débordements sur les côtés)

6. Laisser les gaufres cuire 5 min et finir par les enfourner 2 minutes pour plus de croustillant (Un petit tour dans le grille-pain peu aussi faire l'affaire).

BowlCake
FRAMBOISES

Quantité : pour 1 bol

Difficulté :

INGRÉDIENTS

- 40g de flocons d'avoine
- 1 œuf
- 1 banane mûre
- 30g de coco en poudre
- 3 cuillères à soupe de lait de coco
- 1 cuillère à café de levure
- 1 poignée de framboises

Préparation

1. Mixer ou écraser tous les ingrédients ensemble directement dans un bol (sauf les framboises).
2. Ajouter les framboises en dernier pour ne pas les écraser puis cuire 3-4 minutes au micro-ondes;
3. Démoulez sur une assiette avec de la poudre de coco en topping.

Idée pour varier :

- Ajouter 1 C.S de cacao en poudre
- Remplacer les framboises par d'autres fruits
- Ajouter du beurre de cacahuètes en topping
- Ajouter un coulis de fruits rouges ou chocolat

Omelette SUCRÉE

QUANTITÉ : POUR 1 OMELETTE
DIFFICULTÉ : ★ ★ ★

INGRÉDIENTS

- 2 œufs
- 10ml de lait végétal
- Coulis de fruits rouges
- Huile de coco
- Yaourt grec au miel
- Topping au choix : noix de coco râpée, amandes effilées, fruits secs, granola...

Préparation

1. Dans un bol, mélanger les œufs. Faites chauffer de l'huile de coco dans une poêle et versez les œufs fouettés.
2. Faites cuire votre omelette 1min puis ajoutez le lait. Mélangez délicatement dans la casserole encore 1-2min.
3. Lorsque l'omelette est presque cuite, mettre le yaourt grec au centre. Refermez l'omelette et déposez-la dans une assiette.
4. Saupoudrez de granola et ajouter du coulis de fruits rouges.

Idées pour varier :

- Ajouter des fruits frais
- Remplacer le yaourt par du fromage frais
- Ajouter du beurre de cacahuètes en topping

Brioche
SANS SUCRE NI BEURRE

QUANTITÉ : POUR 1 BRIOCHE ENTIÈRE
DIFFICULTÉ : ★★★

INGRÉDIENTS

- 8 CL DE LAIT VÉGÉTAL
- 15 G DE LEVURE FRAÎCHE DE BOULANGER
- 340 G DE FARINE DE BLÉ
- 5 G DE SEL
- 65 G DE SIROP D'AGAVE
- 45 G D'HUILE DE COCO
- 20 G DE CRÈME DE SOJA OU COCO
- 2 OEUFS
- 1 JAUNE D'OEUF POUR LA DORURE

Préparation

1. Dans un grand saladier ou le bol de votre robot, déposer le lait, levure, la farine, le sirop d'agave, la crème, les œufs et le sel.
2. Pétrir une première fois jusqu'a l'obtention d'une pâte homogène.
3. Ajouter ensuite l'huile de coco, pétrir de nouveau pendant minimum 5 minutes à la main ou au robot pâtissier.
4. Former une boule et laisser gonfler la pâte en couvrant le saladier durant 1h30 dans un endroit à l'abri de l'air libre.
5. La pâte doit doubler de volume. Maintenant la dégazer : c'est dire la re pétrir afin d'enlever le gaz carbonique qu'elle contient.
6. Former 6 boulettes bien rondes et les placer un moule.
7. Déposer une feuille de papier cuisson dans votre moule et déposer en fleur les boulettes, en veillant à les espacer d'environ 1cm. Laisser repousser pendant 30min à 1h maxi, toujours en couvrant le moule.
8. .. Préchauffer votre four à 180°c chaleur traditionnelle Badigeonner un jaune d'oeuf à l'aide d'un pinceau avant d'enfourner pendant 15 minutes.

Cookies
HEALTHY

QUANTITÉ : POUR 10 COOKIES
DIFFICULTÉ : ★ ★ ★

INGRÉDIENTS

- 120 G BEURRE DE CACAHUÈTES
- 50 G SIROP D'ÉRABLE
- 50 G SUCRE DE COCO
- 60 G FARINE D'AVOINE

(OU MIXER DES FLOCONS D'AVOINE)

- ¼ C. À CAFÉ BICARBONATE
- ¼ C. À CAFÉ SEL
- 1 C. À CAFÉ EXTRAIT DE VANILLE
- PÉPITES DE CHOCOLAT
- AMANDES OU NOIX

Préparation

1. Préchauffer le four à 175°.
2. Dans un grand saladier, mélanger le beurre de cacahuètes, le sirop d'érable et le sucre de coco.
3. Ajouter la farine d'avoine, le sel, le bicarbonate et bien mélanger jusqu'à former une boule. Elle doit se détacher facilement du saladier et ne pas coller aux mains.
4. Ajouter les pépites de chocolats et les amandes ou noix.
5. Former des boules d'environ 1 cuillère à soupe et les déposer sur une plaque recouverte de papier sulfurisé ou d'un tapis en silicone. Aplatir en appuyant légèrement avec le dos d'une fourchette.
6. Faire cuire 10 minutes. Sortir et laisser refroidir avant de déguster.

Pâte à tartiner
HEALTHY

QUANTITÉ : POUR 1 POT

DIFFICULTÉ :

INGRÉDIENTS

- 80 G DE SIROP D'AGAVE
- 75 G DE LAIT VÉGÉTAL (AMANDE, RIZ…)
- 180 G DE PURÉE DE NOISETTES
- 100 G DE CHOCOLAT NOIR (MINIMUM 65% TENEUR EN CACAO)

Préparation

1. Casser le chocolat noir en morceaux, et le faire fondre au bain-marie.
2. Retirer du feu et incorporer le lait et la purée de noisettes en réalisant une émulsion jusqu'à l'obtention d'un mélange homogène
3. Pour terminer, ajouter le sirop d'agave et mélanger.
4. Lorsque la pâte à tartiner healthy est bien homogène, versez-la dans un bocal ou un pot à confiture.
5. Laissez refroidir et dégustez !

Banana BREAD

QUANTITÉ : POUR 1 CAKE 8 PERSONNES
DIFFICULTÉ : ★ ★ ★

INGRÉDIENTS

- 60 G DE POUDRE D'AMANDES
- 3 GROSSES BANANES MÛRES
- 2 OEUFS
- 140 G DE FARINE D'AVOINE
- 1/2 SACHET DE LEVURE CHIMIQUE
- PÉPITES DE CHOCOLAT
- NOIX

Préparation

1. Ecraser les bananes à l'aide d'une fourchette.
2. Fouetter les œufs.
3. Puis ajouter aux bananes. Le mélange doit être homogène.
4. Ajouter les poudres (farine, amande et levure), bien mélanger.
5. Terminer par ajouter les pépites de chocolat et quelques noix.
6. Verser la préparation dans un moule à cake puis enfourner à 180°C.
7. A partir de 10 minutes de cuisson, entailler le cake dans le sens de la longueur et poursuivre la cuisson de 40 à 50 minutes.

Madeleine
SANS BEURRE NI SUCRE

QUANTITÉ : POUR 12 MADELEINES
DIFFICULTÉ : ★★★

INGRÉDIENTS

- 80 G DE PURÉE D'AMANDES BLANCHES
- 80 G DE FARINE
- 60 G DE LAIT VÉGÉTAL (AMANDE, RIZ...)
- 60 G DE SIROP D'AGAVE
- 6 G DE LEVURE CHIMIQUE
- 2 OEUFS
- 1 PINCÉE DE SEL
- 1 C.C D'ARÔME VANILLE

Préparation

1. Préchauffer le four à 180°C.
2. Dans un récipient, mélanger la purée d'amandes, le lait végétal (ici amandes), le sirop d'agave, et les œufs.
3. Ajouter ensuite la farine, la levure et le sel. Mélanger à nouveau de sorte à obtenir une préparation homogène.
4. Déposer l'équivalent d'une bonne cuillère à soupe de pâte à madeleines dans un moule à madeleines préalablement graissé (huile de coco ou autre : inutile si vous utilisez un moule en silicone) de sorte à remplir le moule à 90% de pâte.
5. Enfourner les madeleines pendant 15 à 20 minutes selon les fours. Une fois cuites, laissez vos madeleines refroidir légèrement avant de démouler.

Pain Perdu
CÉRÉALES SANS SUCRE

Préparation

1. Dans un récipient, mélanger les oeufs, le lait, l'agave et l'arôme vanille.
2. Faire chauffer une poêle légèrement graissée (huile de coco ou huile pépin de raisin) à feu moyen.
3. Mettre à tremper votre tranche de pain dans la préparation 30 secondes de chaque côté afin que la tranche soit bien imbibée.
4. Cuire la tranche 1 minute de chaque côté.
5. Répéter l'opération pour toutes vos tranches de pain aux céréales.
6. Parsemer d'un peu de beurre de cacahuètes, de rondelles de bananes et de graines.
7. Dégustez vos pains perdus chauds.

QUANTITÉ : POUR 4 TRANCHES
DIFFICULTÉ :

INGRÉDIENTS

- 4 TRANCHES DE PAIN AUX CÉRÉALES
- 125 ML DE LAIT VÉGÉTAL (AMANDE, RIZ...)
- 1 OEUF
- 1 C.S À SIROP D'AGAVE OU MIEL
- 1 C.C D'ARÔME VANILLE

Oeuf bénedictine LÉGER

QUANTITÉ : POUR 2 PERSONNES
DIFFICULTÉ : ★ ★ ★

INGRÉDIENTS

- 1 PAIN MUFFIN ANGLAIS OU BUN
- 2 ŒUFS
- 2 C.S DE FROMAGE BLANC 0%
- 2 TRANCHES DE BLANC DE POULET DORÉ AU FOUR
- 1 C.C DE MOUTARDE
- 1 C.C DE JUS DE CITRON
- SEL ET POIVRE
- CIBOULETTE FRAICHE

Préparation

1. Dans un bol, fouetter le fromage blanc avec la moutarde et le jus de citron. Réserver.
2. Couper le pain bun en deux, et faire toaster chaque moitié au grille-pain. Plier les tranches de poulet et les déposer sur les pains.
3. Porter à ébullition une grande casserole d'eau avec 1 cuillère à soupe de vinaigre blanc, puis baisser à feu moyen.
4. Casser les œufs individuellement dans des ramequins, puis les faires glisser délicatement, l'un après l'autre, dans l'eau frémissante. Avec une cuillère en bois, ramener les blancs autour des jaunes en faisant un tourbillon et laisser frémir 3 minutes, jusqu'à ce qu'ils pochent.
5. Retirer les œufs pochés de l'eau avec une écumoire, en douceur. Déposer un œuf sur chaque pain. Napper d'une cuillère de sauce au fromage blanc. Parsemener de ciboulette.

NB: Si jamais vous ne maitrisez pas l'oeuf pôché, vous pouvez faire un oeuf au plat ou un oeuf mollet.

Oeufs Nuage
BACON

QUANTITÉ : POUR 4 OEUFS
DIFFICULTÉ :

INGRÉDIENTS

- 4 ŒUFS
- 50 G DE PARMESAN
- 6 TRANCHES DE BACON
- QUELQUES BRINS DE CIBOULETTE
- 1 PINCÉE DE SEL

Préparation

1. Préchauffer le four à 220 °C.
2. Émietter le fromage.
3. Dans une poêle faire cuire le bacon et le couper en allumettes.
4. Séparer les œufs. Placer les blancs dans un saladier et chaque jaune dans un ramequin.
5. Avec un fouet électrique, battre les blancs et le sel en neige.
6. Ajouter le fromage, le bacon et la ciboulette lavée et hachée.
7. Sur une plaque de cuisson recouverte de papier sulfurisé, faire 4 monticules et les creuser en leur centre pour former un puits.
8. Mettre au four pendant 7 minutes environ, jusqu'à ce que le monticule soit doré.
9. Sortir du four et placer dans chaque puits un jaune d'œuf.
10. Remettre au four pendant 4 minutes

2

Apprendre
A M'AIMER !

- - - - - - - - - - -

QUIZ CONFIANCE EN SOI
EXERCICES ESTIME DE SOI
SE SENTIR BELLE
CAHIER DES FIERTÉS
MANTRAS JOURNALIERS
MES DÉFIS

Le quizz
DE LA CONFIANCE EN SOI

Indique dans chaque case le numéro qui correspond à ta réponse. Regarde combien de fois tu a coché chaque numéro et lis la description de ton niveau de confiance.

1. J'ai l'impression que les gens ne m'aimeraient pas s'ils me connaissaient vraiment bien. ☐
2. J'ai l'impression que les autres s'organisent beaucoup mieux que moi. ☐
3. J'ai l'impression d'avoir une belle personnalité. ☐
4. Quand je suis avec d'autres gens, je sens qu'ils sont heureux d'être avec moi. ☐
5. J'ai l'impression que les gens aiment vraiment parler avec moi. ☐
6. J'ai l'impression d'être une personne très compétente. ☐
7. Je pense faire une bonne impression sur les autres. ☐
8. Je sens que j'ai besoin d'une plus grande confiance en moi. ☐
9. Je suis très nerveux(se) quand je suis avec des étrangers. ☐
10. Je pense être une personne ennuyante. ☐
11. Je me trouve laid(e). ☐
12. J'ai l'impression que les autres ont plus de plaisir que moi. ☐
13. J'ai l'impression d'ennuyer les gens. ☐
14. Je pense que mes ami(e)s me trouvent intéressant(e). ☐
15. Je pense avoir un bon sens de l'humour. ☐
16. Je me sens très gêné(e) quand je suis avec des étrangers. ☐
17. J'ai l'impression que si je ressemblais plus aux autres, je réussirais mieux. ☐
18. J'ai l'impression que les gens ont du plaisir lorsqu'ils sont avec moi. ☐
19. Je me sens à part lorsque je sors. ☐
20. J'ai l'impression de me faire marcher sur les pieds plus souvent que les autres. ☐
21. Je pense être une personne plutôt sympathique. Je sens que les gens m'aiment ☐
22. Je sens que les gens m'aiment vraiment beaucoup ☐
23. J'ai l'impression d'être une personne agréable. ☐
24. J'ai peur d'avoir l'air ridicule aux yeux des autres. ☐
25. Mes amis ont une très haute opinion de moi. ☐

Réponses
1 – Rarement ou jamais
2 – Quelquefois
3 – La plupart du temps

Le quizz
PLUS DE 5 NUMERO 2

Ta confiance en toi te permet d'avancer !
En règle générale, tu sais tirer profit de tes échecs pour mieux rebondir par la suite. Si ta confiance en toi est fluctuante, tu n'oublie jamais de prendre le taureau par les cornes. Selon toi, les bonnes choses n'arrivent qu'en donnant un petit coup de pouce au destin. En allant ainsi de l'avant, tu fais preuve d'une grande force de caractère.
Tu as une qualité c'est d'estimer chacun, chacune à sa propre valeur. Toi compris, ce qui n'est pas le plus évident. Tu n'affiches pas une confiance en toi démesurée, mais tu es globalement tranquille face aux situations. D'abord parce que tu as conscience de tes atouts et aussi de tes limites, ce qui en cas d'échec te permet de ne pas te sentir dévalorisé(e), mais surtout ce qui te permet de ne pas te prendre pour un champion du monde quand tu ne l'es pas.

Manque de confiance en toi
PLUS DE 5 NUMERO 3

Tu manques carrément de confiance en toi.
Les situations nouvelles te stressent et tu doutes fréquemment de tes aptitudes, tu hésites à te lancer des défis. Quand tu réussis quelque chose, tu ne te félicites jamais, mais tu te dis plutôt que tu as eu de la chance. Essaye de te comparer objectivement aux autres, en faisant attention à tous les détails et tu verras qu'ils ne sont pas plus brillants que toi. Il y a un trop grand décalage entre l'image que tu as de toi et l'image que tu as des autres. L'image que tu as de toi a peut-être été ternie pas des échecs, par un manque d'encouragement… L'image que tu te fais des autres est flatteuse, mais exagérée. En gros, tu crois que les autres sont mieux que toi et que toi tu es moins bien. C'est faux, car même si tu n'es pas la star que le monde attend, comme chacun de nous, tu as des qualités précieuses. Penses-y et mets les en avant, dans ta tête et à l'extérieur et tout ira mieux.

Sûr de toi
PLUS DE 5 NUMERO 1

Tu as vraiment confiance en toi
La confiance en soi permet d'avoir une vision réaliste de nos capacités. Croire en nos capacités permet de mieux gérer nos émotions et atteindre nos objectifs. Avoir confiance en soi est bénéfique pour la santé mentale, la réussite, la prise de décision et la résilience.

Croire en soi, avoir conscience de sa valeur, savoir qu'on a le droit d'être heureux est une nécessité, pour qui aspire à oser prendre en main son destin.

Ce que j'aime CHEZ MOI

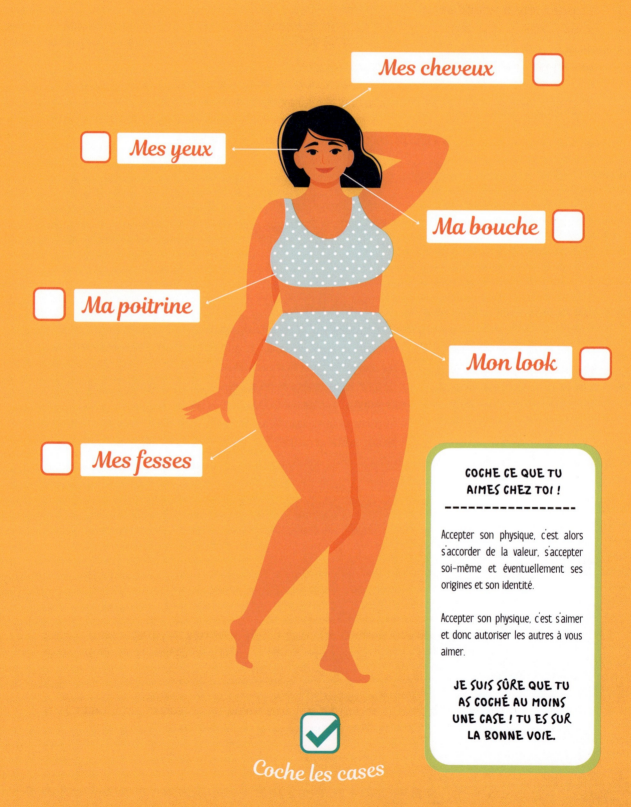

- ☐ Mes cheveux
- ☐ Mes yeux
- ☐ Ma bouche
- ☐ Ma poitrine
- ☐ Mon look
- ☐ Mes fesses

✅ Coche les cases

COCHE CE QUE TU AIMES CHEZ TOI !

Accepter son physique, c'est alors s'accorder de la valeur, s'accepter soi-même et éventuellement ses origines et son identité.

Accepter son physique, c'est s'aimer et donc autoriser les autres à vous aimer.

JE SUIS SÛRE QUE TU AS COCHÉ AU MOINS UNE CASE ! TU ES SUR LA BONNE VOIE.

5 Conseils POUR SE SENTIR BELLE

1. CHANGER SON REGARD SUR SOI POUR SE SENTIR BELLE

La beauté, ce ne sont pas que des critères physiques, il y a aussi et surtout une aura. Quelque chose qui se dégage, quelque chose qui pétille, qui attire le regard et qui fait que les autres ont envie d'être à nos côtés. C'est pourquoi il est temps d'arrêter de se mettre devant un miroir et de se fusiller du regard, de traquer nos moindres défauts, de se lamenter, de se critiquer...

2. ARRÊTER DE SE CRITIQUER POUR SE COMPLIMENTER

Même si nous regardons notre corps avec notre coeur, notre mental va continuer ses critiques... C'est très simple, je t'invite à suivre une règle : pour une critique sur ton corps, tu te fais 3 compliments. Le négatif pèse plus lourd que le positif alors il faut au moins ça pour rattraper !

3. LISTER SES ATOUTS POUR SE SENTIR BELLE

Pour se sentir belle, il est temps de connaître ses atouts. Certaines d'entre nous vont dire « Je n'en ai pas ». Faux ! Tu as des jolis yeux ? De beaux cheveux ? Une jolie bouche, peut-être ? De petites oreilles ? Un joli nez ? Une jolie cambrure ? Des jambes fuselées ? Un grain de beauté ? Une cicatrice même ? Qu'aimes-tu chez toi ?

4. APPRENDRE À SE METTRE EN VALEUR POUR SE SENTIR BELLE

Vous avez toutes remarqué, qu'aucune femme n'est semblable à l'autre. Certaines sont voluptueuses, sont musclées, sont fines, ont une forte poitrine, ont les épaules larges, ont les hanches larges, etc. Tout cela fait partie des caractéristiques de la morphologie de la Femme. Pour vous aider à identifier la vôtre c'est page (8). Sachez que cela vous aidera à mieux choisir le vêtement qu'il vous faut !

5. METTRE EN PLACE UNE ROUTINE DE DOUCEUR

Se sentir belle, c'est oser regarder son corps et le toucher, c'est lui accorder un plus grand soin et une plus grande attention celle de te mettre de la crème ou de l'huile sur le corps. Tous les jours ! Mais, pas n'importe comment. Avec douceur, en conscience.

NOTE ICI 3 CHOSES QUE TU VAS FAIRE POUR TE SENTIR BELLE

1. ....

2. ....

3. ....

Lance toi DES DÉFIS !

1 **DÉFI**

2 **DÉFI**

3 **DÉFI**

4 **DÉFI**

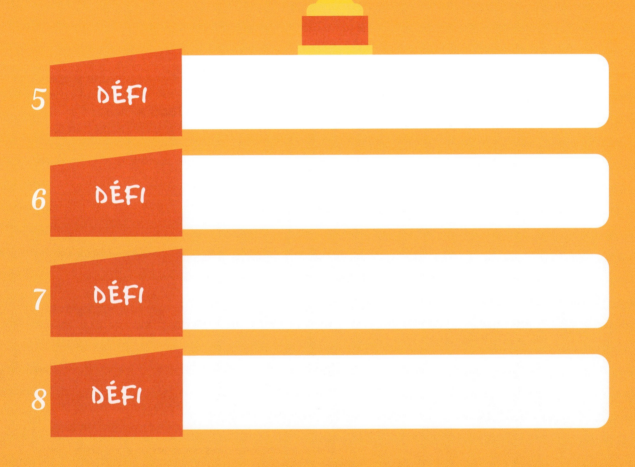

5	DÉFI	
6	DÉFI	
7	DÉFI	
8	DÉFI	

LANCE TOI 3 DÉFIS À RÉALISER POUR SORTIR DE TA ZONE DE CONFORT !

1 ....
2 ....
3 ....

La méthode DU MIROIR

Il y a de grandes chances pour que la personne envers laquelle vous êtes la plus dure soit vous-même. Force est de constater que s'aimer au quotidien n'est pas chose facile ! Le problème, c'est que ce manque d'amour peut se révéler handicapant dans la vie de tous les jours...

Sachez que l'estime de soi n'est pas forcément innée ! C'est même plutôt un travail de longue haleine... On parle de développement personnel. La pratique de certaines techniques permet de booster la confiance en soi. Il suffit de miser sur celle qui saura le mieux vous convenir !

La méthode du miroir est une pratique qui promet de booster l'amour-propre par le biais de la pensée positive. Si le fait de se regarder dans le miroir n'est pas forcément évident pour tout le monde, cet exercice entend reconstruire l'image que nous avons de nous-mêmes. Développé par Louise Hay – professeure de métaphysique – ce défi s'étend sur 21 jours et s'articule en 3 étapes bien distinctes.
Vous l'aurez deviné, pour le mener à bien, vous n'aurez besoin de rien d'autre qu'un miroir... Si ce n'est de la bonne volonté et une bonne dose de régularité. En l'espace de 3 semaines, cela permet de se retrouver, de se connecter avec soi-même, avec ses émotions et ses sentiments, d'apprendre à s'aimer et de se libérer des pensées négatives. C'est simple : le miroir incarne le reflet de son estime personnelle.

1 La première étape de la méthode du miroir consiste à se dire certaines phrases positives à voix haute à chaque passage devant ce dernier. "Je t'aime", "je t'accepte telle que tu es", "je suis fière de toi (pour telle ou telle chose)"... Vous aurez une semaine pour vous faire à l'idée que cet objet peut être utilisé de manière positive et bienveillante.

2 À partir de la deuxième semaine, vous pourrez commencer à considérer le miroir comme le reflet de votre enfant intérieur. Cette étape vous permettra d'identifier vos blessures, d'apaiser vos émotions primaires, de rassurer l'enfant qui sommeille en vous. Apprivoiser cette part de votre personnalité et la considérer avec bienveillance vous permettra d'améliorer votre rapport aux autres et à vous-même.

3 Pour finir, la troisième et dernière semaine, le moment sera venu pour vous de renouer avec votre paix intérieure. Pour cela, la pratique de différents exercices est possible. Face au miroir, vous apprendrez à gérer vos émotions, à développer votre sentiment de gratitude, à vivre en harmonie avec vous-même.

La fleur
DE L'ESTIME DE SOI

L'ESTIME DE SOI, C'EST COMME UNE FLEUR À 4 PÉTALES QUI A BESOIN D'ÊTRE ARROSÉE QUOTIDIENNEMENT :

→ *Confiance en soi*
→ *Amour de soi*
→ *Vision et image de soi*
→ *Acceptation de soi*

Tout ceci influe sur ton estime de soi. Que tu aies la main verte ou non, cultive cette fleur avec beaucoup d'amour et de bienveillance.

L'echelle DE LA CONFIANCE

- OUI, JE L'AI FAIT !
- JE VAIS LE FAIRE.
- JE PEUX LE FAIRE.
- JE VAIS ESSAYER DE LE FAIRE.
- COMMENT PUIS-JE LE FAIRE ?
- JE VEUX LE FAIRE.
- JE NE PEUX PAS LE FAIRE.
- JE N'Y ARRIVERAI JAMAIS !

Mon carnet DES FIERTÉS

PRENEZ QUELQUES MINUTES CHAQUE JOUR, EN FIN DE JOURNÉE AVANT DE VOUS ENDORMIR PAR EXEMPLE, ET REMÉMOREZ-VOUS TOUTES LES CHOSES QUE VOUS AVEZ DITES, FAITES OU PENSÉES AUJOURD'HUI, ET DONT VOUS ÊTES FIÈRES.

Vous n'avez pas râlé parce que le bus était en retard, **notez-le**. Ou encore vous avez réussi ce gâteau que d'habitude vous manquez, notez-le. Vous avez proposé votre aide alors que vous manquiez de temps pour vous, notez-le.

Notez tous vos accomplissements, tous les petits pas qui contribuent à vous faire avancer vers ce qui a du sens pour vous.

Prenez un petit temps pour remplir ce carnet chaque jour, et lorsque vous vous sentez diminué(e), lorsque vous avez perdu confiance, que vous n'arrivez pas à avoir sur vous un regard bienveillant et encourageant, **ouvrez simplement votre carnet des fiertés et regonflez votre amour-propre**.

Mon carnet DES FIERTÉS

Mantras
DE CONFIANCE

LA CONFIANCE EN SOI, C'EST COMME UN MUSCLE. IL FAUT LA TRAVAILLER AU QUOTIDIEN POUR L'AIDER À SE DÉVELOPPER. ET CELA PASSE PAR DES PETITES PHRASES À SE RÉPÉTER TOUS LES JOURS.

- "Aujourd'hui sera une bonne journée"

On dénigre souvent les bienfaits de la pensée positive. Et pourtant, attaquer une journée de bonne humeur ne peut que vous faire du bien. Focalisez-vous sur les moments joyeux des heures à venir : un déjeuner avec votre collègue de travail préféré, un apéro entre amis le soir, un dîner en amoureux, un rendez-vous chez le coiffeur... Il suffit parfois de peu pour positiver.

- "Bien sûr que je vais y arriver"

Croire en soi est une chose essentielle. Hors de question de se rabaisser : ayez confiance en vos capacités, et ne baissez pas les bras avant même de commencer. C'est le meilleur moyen d'atteindre vos objectifs.

- "Je suis belle"

Voilà une petite phrase à se répéter tous les matins devant le miroir. La confiance en soi passe avant tout par le fait de s'accepter. Et franchement, qu'est-ce qu'un peu de cellulite ou des rides naissantes, face à votre regard de braise, vos jolies courbes ou votre port de tête ? Focalisez-vous sur ce qui vous plaît chez vous, et surtout : aimez-vous !

- "Je ne suis pas parfaite. Et alors ?"

La perfection est ennuyeuse. Et surtout, c'est un jugement particulièrement subjectif ! Pas besoin d'être parfaite, de rentrer dans tous les moules que la société veut nous imposer (taille mannequin, femme toujours souriante, super-épouse, super-maman, bosseuse invétérée...) pour être bien dans sa peau. Après tout, ce sont (aussi) nos petits défauts qui font notre charme.

- "Garde le sourire"

Le saviez-vous : un simple sourire possède de nombreux bienfaits. Outre le fait d'éclairer notre visage, le fait de sourire permet de réduire le niveau de stress et de prolonger l'espérance de vie. Sans compter qu'une personne souriante a plus de chances de convaincre ses interlocuteurs, et donc de mener à bien ses projets. Une bonne raison de plus d'avoir la banane.

- **"Arrête de te plaindre pour rien"**

Un peu trop de monde dans le métro, quelques gouttes de pluie, votre ordinateur qui rame... Il suffit de peu pour nous énerver et nous donner envie de nous plaindre. Et donc de se laisser envahir par la négativité, qui va nuire à notre estime de soi. Alors, pour tout et rien.

- **"L'opinion des autres ? Je m'en moque"**

Règle n°1 pour avoir confiance en soi : ne faire confiance qu'à sa propre opinion. Qu'ils viennent de la part de votre entourage, d'un inconnu dans la rue, les jugements sont partout, et le plus souvent, ils sont négatifs. Quelque chose vous fait envie, plaisir ? Faites-le pour vous, pas pour faire plaisir à qui que ce soit. Et surtout, ne vous interdisez pas d'être heureuse pour le plaisir des autres.

- **"Non, je n'ai pas envie"**

Si en règle générale, il faut savoir dire oui à la vie, le fait de dire oui à tout peut aussi nuire à la confiance en soi. Quelque chose vous déplaît ? Osez dire non, vous vous sentirez bien mieux après.

- **"Ce n'est pas un échec qui va me démotiver"**

L'échec n'est qu'un obstacle sur la route du succès. Ce n'est pas pour rien que le dicton affirme que l'on apprend de ses erreurs. A condition d'avoir suffisamment de confiance en soi et de motivation, vous pouvez faire face à n'importe quelle difficulté, et la surmonter.

- **"Aujourd'hui, c'est dans la poche"**

L'augmentation que vous comptez demander à votre chef, le dossier sur lequel vous rêvez de travailler, le rencard avec votre coup de coeur... Fixez-vous un objectif chaque jour ou chaque semaine, et faites votre possible pour l'atteindre. Chaque réussite vous aidera à gagner en confiance en vous.

Mes objectifs et mes rêves

"Note ici **les objectifs et les rêves que tu aimerais atteindre**. Que ce soit personnel, physique, mental ou professionnel … etc.
Bref ce qui te passe par la tête !

<u>Exemple</u> : sauter en parachute, partir en voyage en thailande, devenir musicienne …etc

COCHE LES CASES
Au fur et à mesure que tu les réalises !

COCHE LES CASES

Au fur et à mesure que tu les réalises !

3

Prendre SOIN DE MOI

Routine peau
Routine cheveux
Soins des mains
Soins des pieds
Recettes masques maison
Astuces maquillage

Mes routines DE SOINS

Routine
POUR LES CHEVEUX

1ÈRE Étape

BAINS D'HUILE POUR TES CHEVEUX
Ma recette de bain d'huile
SPÉCIALE POUSSE DE CHEVEUX ET HYDRATATION EN PROFONDEUR

Il te faut pour une bouteille de 100ml :
- Huile végétale de coco (50ml),
- Huile végétale de Nigelle (25ml),
- Huile végétale de Moutarde (25ml).

Faire chauffer l'huile entre tes mains ou tiédir légèrement au micro-ondes. Badigeonne tes cheveux des racines jusqu'aux pointes. Laisse poser 2h ou toute une nuit c'est encore mieux ! Rince-toi les cheveux en faisant 2 shampoings.

1 FOIS / PAR MOIS

2ÈME Étape

LE SHAMPOING
Pas plus de 2 fois par semaines
ON UTILISE UN SHAMPOING ADAPTÉ SELON NOS BESOINS

On évite de se laver les cheveux trop souvent, car ça les abimes. 2 fois par semaine c'est un bon rythme. Entre, si besoin, on utilise du shampoing sec pour pouvoir espacer les shampoings.

On utilise un shampoing adapté en fonction de nos besoins : cheveux secs, frisés, gras ... etc. On rince les cheveux à l'eau tiède/ froide pour refermer les écailles et avoir des cheveux plus brillants.

2 FOIS / SEMAINE

3ÈME Étape

LE MASQUE
Après chaque shampoing
INDISPENSABLE POUR RÉPARER ET NOURRIR VOS CHEVEUX

Choisir un masque adapté en fonction de tes besoins. Appliquer une noisette généreuse sur les longueurs puis enroule une serviette chaude sur ta tête (serviette mouillée que tu as fait chauffer au micro-ondes 1min), ça va permettre de faire pénétrer le soin en profondeur et de le rendre plus efficace. Laisse poser 5 min et rince.

Tu peux utiliser un soin sans rinçage après avoir lavé et essoré tes cheveux au moment du démêlage.

2 FOIS / SEMAINE

5 conseils
POUR TES CHEVEUX

Fréquence
Laver tous les jours des cheveux gras est en effet une grave erreur : plus vos cheveux seront lavés, plus ils auront tendance à graisser en réponse à ces agressions. C'est donc un cercle vicieux...

Chaleur
Abandonner le sèche-cheveux (faire sécher à l'air libre), Et on limite l'utilisation du lisseur et si tu veux des cheveux bouclés fait des tresses et dors toute la nuit avec.

Le massage

Le massage crânien permet de stimuler les bulbes capillaires grâce à l'afflux sanguin qu'il génère. Tête en bas, du bout des doigts, malaxez votre crâne pendant 5 à 10 minutes en partant de la nuque pour remonter vers le sommet. Au quotidien, en plus de favoriser la micro-circulation sanguine, il permet de renforcer la structure interne des cheveux.

Alimentation
Un régime alimentaire sain est la clé d'une chevelure en bonne santé. Les protéines et la vitamine B5 jouent un rôle crucial pour garantir un cuir chevelu et des cheveux sains. Les œufs, noix et fromages sont gorgés des protéines nécessaires.

Les pointes
Même si vous n'avez pas de fourches, le fait de couper les pointes va donner une impression de chevelure plus dense, plus volumineuse, et aussi en meilleure santé.

Routine
PEAU DU VISAGE

1 X PAR JOUR — *Le Nettoyage*

Règle d'or : ON NE SE COUCHE JAMAIS SANS SE DEMAQUILLER ! C'est super important, sinon le lendemain c'est bouton garanti ... Oui, même après une soirée qui s'achève au milieu de la nuit, même après une interminable journée de travail. Ensuite une fois par jour le matin ou le soir, je vous conseille **plutôt le soir** pour éviter de vous maquiller par dessus après, on **nettoie sa peau** avec un nettoyant non agressif pour la peau (mousse, eau micellaire, gel ...). Cela va permettre d'**enlever toute les impuretés et la pollution**.

2 X PAR JOUR — *L'hydratation*

L'hydratation de la peau, **le geste primordial**. L'hydratation de l'épiderme aide à lutter contre le teint terne, à le protéger des agressions extérieures comme la pollution, le froid, ou le vent et participe à **éviter le dessèchement cutané** en limitant la perte en eau que subit naturellement la peau. On choisit une crème en fonction de son type de peau : mixte, sèche ou grasse. On n'hésite pas à l'appliquer en **petit massage** en tapotant le visage pour **activer la circulation sanguine et régénérer les cellules**.

1 X PAR SEMAINE — *Les peelings & soins*

Un peeling **léger non abrasif** 1 fois tous les 15 jours pour enlever les peaux mortes, débarrasser la peau des impuretés. L'idéal avant est de prendre une douche bien chaude, **la vapeur va ouvrir les pores du visage**. Ensuite une fois par semaine on s'accorde un moment cocooning avec un **masque visage** celui que vous voulez en **fonction de vos problématiques** (peau sèche, boutons, pollution, douceur ... etc).

Diagnostic
DE PEAU

JE T'OFFRE TON DIAGNOSTIC DE PEAU

2 min top chrono !

POUR RÉVÉLER LES VÉRITABLES BESOINS DE TA PEAU

Quelques minutes pour découvrir ton type de peau ! Je t'adresse ta routine 100 % personnalisée et les conseils spécifiques à ta peau.

OFFERT

Flash moi
AVEC TON SMARTPHONE

https://captainbeauty.jolimoi.com/diag/skincare

10 recettes
MASQUE MAISON

1
Anti-boutons

1 YAOURT NATURE + 3 GOUTTES HUILE ESSENTIELLE TEA TREE

Si vous êtes sujette aux boutons et ne connaissez pas encore cet ingrédient, vous devez essayer cette recette de masque visage maison au plus vite. En effet, l'**arbre à thé** est l'ingrédient incontournable en matière de soin naturels anti acné grâce à ses propriétés purifiantes et assainissantes.

RECETTE

Incorporez les 3 gouttes d'huile essentielle d'arbre à thé dans le yaourt et mélangez. Appliquez le masque sur une peau propre et **laissez poser 15 minutes**. Rincez à l'eau claire et tiède sans frotter. 1 fois par semaine maximum.

2
Anti-oxydant

2 C.S YAOURT + 2 C.S HUILE D'OLIVE + 2 C.S CACAO AMER

Le cacao n'est pas seulement le meilleur ami de nos papilles mais également un bon allié pour notre peau. Il lutte très efficacement contre les radicaux libres et prévient ainsi le vieillissement cutané. Grâce à la sérotonine et aux endorphines qu'il contient, ce masque visage maison vous garantit également un effet apaisant quasi antidépresseur.

RECETTE

Mélangez le cacao, l'huile végétale et le yaourt jusqu'à obtention d'une pâte bien lisse sans grumeaux. Ne la mangez pas mais appliquez-la sur une peau propre et laissez agir 20 minutes. Rincez à l'eau claire et tiède. Peau de bébé et bonne humeur garantie !

3
Anti-points noirs

La curcumine présente dans le curcuma possède des propriétés extraordinairement anti-inflammatoires et antioxydantes qui font des miracles sur les points noirs. Le miel de son côté, grâce au fructose, apaise et adoucit la peau.

RECETTE

Pour réaliser ce masque visage maison, mélangez le miel et le curcuma dans un bol à l'aider d'une fourchette ou d'un petit fouet. Ajoutez petit à petit le lait pour rendre le mélange plus liquide. Appliquez-le sur le visage en évitant les yeux et laissez poser 15 minutes. Rincez à l'eau claire et tiède. Magie magie... Vos pores sont resserrés et vos points noirs un lointain souvenir ;)

4
Apaisant

L'aloe riche en vitamine E est un ingrédient miracle pour la cicatrisation et l'hydratation. Elle apaise, adoucit et est très bien tolérée même par les peaux les plus sensibles. Le miel est un bon complément à l'aloe, grâce au fructose, il apaise et hydrate les couches supérieures de l'épiderme.

RECETTE

Mélangez ces 2 ingrédients miracles et laissez poser entre 10 et 20 minutes. Rincez à l'eau claire et tiède.

5 Bonne Mine

1 BLANC D'OEUF + 1 C.S MIEL + 1 CC CITRON

Les sels minéraux, vitamines et acides animés présents dans le miel, lui permettent d'apaiser et d'adoucir la peau. Le fructose qu'il contient, lui confère également des propriétés hydratantes pour les couches supérieures de l'épiderme. Quant au citron, riche en vitamine C antioxydante, il éclaircit le teint et donne bonne mine.

RECETTE

Battez le blanc d'œuf jusqu'à obtenir une petite mousse (pas en neige non plus hein). Ajoutez-y le miel et le citron puis mélanger. Appliquez sur le visage en évitant les yeux. Rincez à l'eau claire et tiède. Et voilà, vous rayonnez comme si vous rentriez des Maldives.

---

6 Detox

1 C.C GEL D'ALOE VERA + 1 CC CHARBON VEGETAL + 1 CC EAU

Le charbon est connu depuis la nuit des temps pour ses propriétés purifiantes qui lui permettent d'éliminer en profondeur les impuretés. Quant à l'aloe elle stimule le renouvellement cellulaire et favorise donc la detox de votre peau !

RECETTE

Mettez dans un bol le charbon, l'aloe et l'eau tiède. Mélangez ces 3 ingrédients jusqu'à obtention d'une pâte. Nettoyez-vous le visage à l'eau chaude. Appliquez ce masque visage maison et laissez-le poser 15 minutes. Rincez à l'eau claire et tiède. Tadaaa, contemplez votre teint radieux et sain (plus aucune trace de la soirée de la veille !)

Petit conseil de grand-mère : pour faciliter l'élimination des impuretés, réalisez un bain vapeur avant le masque en vous mettant une serviette sur la tête au-dessus d'un bol d'eau chaude. Cela permettra d'ouvrir les pores de votre peau et augmentera l'efficacité de votre masque visage.

7
Equilibrant matifiant

1 C.S FLOCON AVOINE + 2 C.S YAOURT + 1 CC CITRON

L'avoine n'est pas un corps gras c'est pourquoi il convient très bien aux peaux mixtes qu'il matifie. Grâce à ses propriétés régénérantes, il laisse la peau bien souple. Quant au citron, ses pouvoirs antibactériens et antioxydants agissent comme une gomme sur les imperfections.

RECETTE

Mélangez les flocons d'avoine et le yaourt (non ce n'est pas l'heure du petit déjeuner). Ajoutez le jus de citron et remuez le tout. Appliquez sur le visage en évitant les yeux et laissez poser 15 minutes. Rincez à l'eau propre et tiède, sans frotter. Contemplez votre teint net et mate (sans échec !).

8
Hydratant

1 CONCOMBRE + 1 YAOURT

Gorgé d'eau, le concombre est non seulement très hydratant mais aussi riche en vitamine C, oligo-éléments et minéraux. Dans cette recette de masque maison, il hydrate les couches supérieures de la peau et procure une intense sensation de fraicheur. Il peut convenir à tous les types de peaux.

RECETTE

Épluchez le concombre et mixer-le avec le yaourt. Appliquez la préparation sur votre visage et laissez poser 15 minutes. Rincez à l'eau tiède et claire. Tadaaa, votre peau est repulpée !

9
Nourissant

Riche en vitamine B et antioxydant, la banane nourrit intensément et possèdes des propriétés cicatrisantes hors du commun. Quant à l'avocat, grâce aux vitamines A, B et E, il apporte élasticité, souplesse et confort, même aux peaux délicates.

RECETTE

Mixez ou écrasez l'avocat et la banane ensemble. Ajoutez le miel pour rendre l'ensemble bien onctueux. Appliquez sur le visage et laissez poser 15 minutes. Rincez à l'eau claire et tiède. Admirez votre peau nourrie et rebondie dans le miroir (oui, vous êtes la plus belle).

10
Purifiant

L'argile est le meilleur allié des peaux grasses en raison de ses super pouvoirs absorbants qui lui permettent de purifier la peau des impuretés et de l'excès de sébum. L'huile de jojoba est connue pour ses vertus équilibrantes et régénérantes : elle assouplit la peau sans laisser de film gras. Et enfin le citron riche en vitamine C possède des vertus antiseptiques idéales également pour les peaux grasses. Le cocktail purifiant idéal !

RECETTE

Mélangez le tout dans un petit bol jusqu'à obtention d'une pate lisse. Appliquez en couche épaisse sur le visage en évitant les yeux et la bouche. Laissez poser ce masque visage maison 10-15 minutes – s'il sèche, humidifiez avec un brumisateur ou un hydrolat. Tadaaa, votre teint est frais et assaini.

Mes notes

Routine
SOINS DES MAINS

1 X PAR MOIS

1ÈRE Étape

Le bain de mains

Dans un bol d'eau tiède on verse le jus d'une demi citron. On trempouille ses mains dedans pendant 5 minutes. L'eau tiède va ramollir les peaux et les cuticules. Et le citron va blanchir les ongles pour les déjaunir.

2ÈME Étape

Le gommage

On utilise un gommage pour éliminer les peaux mortes sur vos mains. Et pas besoin de beaucoup d'ingrédients :

- *1 cuillère à café de sucre roux (pour exfolier la peau).*
- *1 cuillère à café d'huile d'olive (pour adoucir).*
- *4 gouttes de jus de citron (pour activer la circulation sanguine).*
- *1 cuillère à café rase de miel épais (pour hydrater).*

3ÈME Étape

Le soins des ongles

A force de mettre du vernis, les ongles ont tendance à jaunir. Pour leur redonner de la blancheur, il suffit de préparer un mélange de jus de citron et de bicarbonate de soude et d'y plonger ses doigts pendant 10 minutes. Pour booster l'effet du soin, vous pouvez masser vos ongles en même temps. Les ongles sont propres, blanchis, brillants, et fortifiés. On peut également masser ses cuticules avec de l'huile type amande douce, olive, ricin, coco ... etc.

Routine SOINS DES PIEDS

1ère Étape

Le bain de pieds

Pour cette première étape, rien de bien compliqué ! Plongez vos pieds dans une bassine d'eau tiède où vous aurez ajouté du sel de bain, des cristaux aromatiques ou des huiles essentielles. Laissez tremper 5 à 10 minutes, le temps de ramollir la peau pour enlever plus facilement les peaux mortes et de vous détendre. Séchez vos pieds et n'oubliez pas de passer la serviette entre les orteils !

2ème Étape

Le Poncage

Avec une râpe spéciale pour les pieds ou une pierre ponce, frottez le dessous du pied en insistant sur le talon et le gros orteil. Vous éliminerez ainsi les callosités et retrouverez une peau plus douce et plus souple.

<u>Le bon geste</u> : poncez en faisant un mouvement à sens unique (évitez les mouvements circulaires ou les va-et-vient) pour éviter d'irriter la peau. Plus vous le faites souvent, moins vous aurez à le faire. La fréquence idéale? Une fois par semaine pour les peaux normales, deux fois par semaine pour les peaux sèches !

3ème Étape

Le gommage

Pour éliminer les cellules mortes, adoucir la peau des pieds et les rendre soyeux, rien de tel qu'un gommage. Utilisez un gel exfoliant ou une crème en insistant sur les surfaces poncées. N'oubliez pas non plus d'aller entre vos orteils. Rincez puis séchez.

4ème Étape

L'hydratation

Votre vernis est sec? Pour terminer votre pédicure, utilisez une crème hydratante afin de nourrir vos pieds et garder la peau douce. Optez pour une crème spéciale, car la peau des pieds est assez épaisse. Avec des mouvements circulaires, appliquez-la jusqu'à la cheville. Si vos pieds sont très secs, offrez-leur une hydratation en profondeur en utilisant un masque nourrissant pour les pieds.

1 X PAR MOIS

Mes conseils MAQUILLAGE

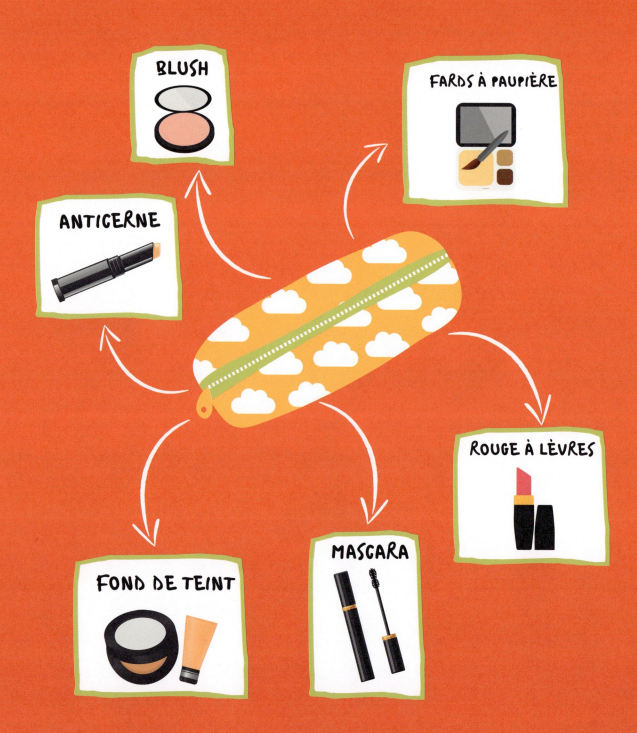

3 gestes
AVANT DE SE MAQUILLER

1. *La peau doit être propre !*

Aucun reste de maquillage de la veille. La peau doit être nettoyée même si vous ne vous êtes pas maquillée. La nuit la peau se régénère et rejette du sébum. On passe son visage sous l'eau froide, ou un petit coup du brumisateur pour éviter le calcaire de l'eau qui tiraille la peau. On sèche avec un coton en tapotant pour éviter d'agresser la peau.

---

2. *On hydrate !*

Peu importe votre type de peau on l'hydrate avant de se maquiller. Cela va permettre à votre makeup de tenir plus longtemps, de protéger votre peau en faisant une barrière entre elle et le fond de teint. Et surtout cela va éviter de marquer les petites zones de sécheresse et ridules quand vous ferez votre teint.

---

3. *La base de maquillage*

La base de teint s'utilise toujours après l'application d'une crème hydratante et avant celle d'un fond de teint ou d'une crème teintée. Vous pouvez choisir de l'étaler au doigt, au pinceau ou bien à l'aide d'une éponge à maquillage. La base s'applique généralement sur l'ensemble du visage en commençant par le nez et en l'étirant vers l'extérieur. Il est toutefois possible de ne l'appliquer seulement sur quelques zones comme le nez, le menton ou le front puisqu'elle permet de fixer le maquillage, notamment sur les zones les plus grasses du visage.

Le TEINT

Le contouring

Le contouring est basé sur un principe simple : on utilise une teinte foncée pour ombrer, donc creuser, les parties du visage à estomper, et une teinte claire légèrement irisée pour donner du volume et éclairer les zones à mettre en avant.

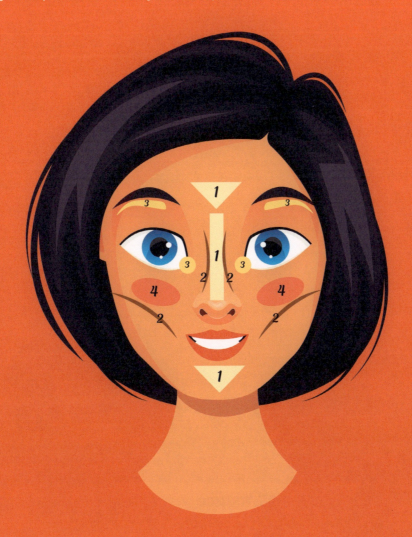

| 1 | ANTICERNE | 3 | ENLUMINEUR |
| 2 | BRONZER | 4 | ANTICERNE |

Le fond DE TEINT

Comment bien choisir la couleur de son fond teint ?

La teinte doit être ni trop foncée, ni trop claire. Il est également important de connaitre le sous-ton de sa peau. Cela va permettre de déterminer si vous devez vous diriger vers un fond de teint doré ou rosé. Pour définir le sous-ton, la méthode la plus simple est de regarder ses veines au niveau du poignet. Si les veines sont verdâtres, le sous-ton de la peau est chaud et si les veines sont bleutées, le sous ton de la peau est froid.

ROSÉ (FROID)   NEUTRE   DORÉ (CHAUD)

L'astuce
UN SITE POUR TROUVER LA BONNE TEINTE !

Pour trouver le fond de teint qui sied parfaitement à sa carnation, vous pouvez vous connecter sur le site spécialisé, **Findation.com**. Il vous permettra de renseigner la teinte de votre fond de teint habituel afin de trouver celles qui correspondent dans toutes les autres marques

Les YEUX

Les étapes pour se maquiller les yeux

A l'aide d'un pinceau plat, venez maquiller l'intégralité de votre paupière mobile avec la couleur la plus claire. Avec une couleur intermédiaire, maquillez ensuite le creux de votre paupière. Enfin, venez appliquer la couleur la plus foncée franche dans le coin externe de votre œil. Avec l'enlumineur faites un point lumière juste en dessous du sourcil et dans le coin interne de l'œil.

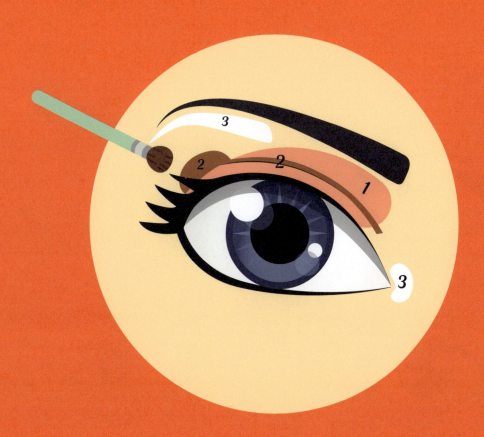

| 1 | FARD CLAIR | 3 | ENLUMINEUR |
| 2 | FARD FONCÉ |

La COLORIMETRIE

Quelles couleurs de fards à paupière pour mettre en valeur tes yeux ?

Il vous paraît logique d'assortir les couleurs de vos vêtements ? C'est la même chose pour vos yeux. La couleur de votre ombre à paupières aura pour effet de faire ressortir la couleur et les nuances de vos yeux. On aura tendance à éviter le ton sur ton, notamment pour les yeux verts et bleus, pour qui cela se voit le plus. En revanche, on n'hésite pas à jouer sur les nuances et les contrastes pour ouvrir et illuminer le regard, sans pour autant oublier la carnation de sa peau.

LES YEUX BLEUS

LES YEUX VERTS

LES YEUX MARRONS

Les LÈVRES

Les 3 familles de rouges à lèvres

Il existe 3 grandes familles de rouges à lèvres, et chacune nécessite une application particulière...

➜ **LES MATS** On applique d'abord un baume hydratant pour nourrir les lèvres, on laisse poser 10 minutes puis on élimine l'excédent à l'aide d'un mouchoir. Ensuite, on applique directement une seule couche de rouge à lèvres afin de ne pas écraser le volume de vos lèvres.

➜ **LES SATINÉS** Souvent plus crémeuses, on applique ces teintes au pinceau pour un contour parfait et un volume des lèvres rehaussé.

➜ **LES BRILLANTS** On applique une première couche de rouge à lèvres, puis à la main, on prélève un peu de matière sur le rouge à lèvres et on tapote au coeur de la lèvre pour encore plus de volume...

Mes lèvres sont fines

- On trace un trait fin en dépassant légèrement à l'extérieur du contour naturel des lèvres avec un crayon de la couleur de nos lèvres ou légèrement plus clair que la teinte du rouge à lèvres.

- On préfère les rouges brillants, irisés et de couleur claire afin d'accentuer le volume des lèvres. Les teintes foncées auront tendance à accentuer la minceur des lèvres.

Mes lèvres sont charnues

- On applique une fine couche de fond de teint sur toute la bouche, puis on poudre les lèvres. On trace un trait de crayon à l'intérieur de l'ourlet naturel des lèvres.

- On applique un rouge mat et plutôt foncé qui en réduira le volume.

- On évite les couleurs lumineuses, vives, nacrées ou brillantes.

Ma lèvre supérieure est plate

- Du bout d'un pinceau, on applique une base correctrice sur la lèvres supérieure en dessinant un nouveau contour de forme arrondie au niveau du coeur de la lèvre.

- On poudre ensuite les lèvres et on ajoute de la définition à l'aide d'un crayon contour de la couleur naturelle des lèvres.

- On applique le rouge à lèvres.

Mes lèvres sont tombantes

- On camoufle les coins tombants avec une pointe d'anti-cernes à chaque commissure. On rectifie le tracé au crayon en partant de la lèvre inférieure pour remonter légèrement vers la lèvre supérieure.

- On relève les commissures supérieures avec le crayon en dessinant une ligne montante.

- On remplit au crayon et on applique le rouge à lèvres.

Diagnostic
MAKEUP

JE T'OFFRE TON DIAGNOSTIC DE MAQUILLAGE

OFFERT

2 min top chrono !

POUR CHOISIR LES BONNES TEINTES

Quelques minutes pour découvrir quel type de routine maquillage te correspond le mieux ! Je t'adresse ta routine 100 % personnalisée et les conseils spécifiques en fonction de ta couleur de peau, des yeux et cheveux.

Flash moi AVEC TON SMARTPHONE

https://captainbeauty.jolimoi.com/diag/makeup

Mes notes

4

Comment s'habiller
POUR SE METTRE EN VALEUR

DÉTERMINER SA MORPHOLOGIE
ASTUCES LOOK
APPRENDRE À SE METTRE EN VALEUR

APPRENDRE À SE METTRE EN VALEUR EN RESTANT SOI !

APPRENDRE À SE FAIRE CONFIANCE POUR MIEUX SE METTRE EN VALEUR

La première chose à savoir pour trouver un style qui te met en valeur, c'est que tu dois **apprendre à te faire confiance**. C'est normal que tu te dises que la mode ce n'est pas ton truc, que tu ne sais pas choisir les bons vêtements, ou encore que tu ne sais pas ce qui te va.

Mais crois-moi, c'est faux. Enfin... là tout de suite c'est peut-être vrai mais ça peut complètement changer. Et ça **commence par le fait de te sortir ces idées de la tête.**

La mode, ça peut paraître comme un truc d'initiés avec des mannequins, des défilés, Vogue, des tenues super travaillées. Sauf que déjà, la mode c'est bien plus que ça, et surtout **ce qui nous intéresse c'est le vêtement, pas les tendances.**

Le vêtement, c'est un truc du quotidien. Nous en portons tous et il est intimement lié à l'être humain depuis des siècles. Donc dédramatisons-le ce vêtement, il n'a rien d'effrayant.

Alors à chaque fois que **tu vois venir une pensée du genre** "Non mais moi je ne sais pas m'habiller, la mode c'est pas mon truc", **pulvérise-la** en te disant que :

1. Même si oui, un vêtement ça peut t'aider à te sentir super bien dans tes baskets, **tu ne joues pas ta vie** ;
2. Tu as le droit de te tromper ;
3. Tu as le droit de te faire confiance, **t'écouter ton intuition et tes envies** ;
4. Tu n'es pas obligée de suivre les tendances ou d'avoir un look hyper recherché pour avoir du style et surtout pour être bien dans tes fringues.

On respire un bon coup et **on se fait confiance** : le pouvoir de trouver les vêtements qu'il te faut, qui vont te faire du bien et te mettre en valeur, il est déjà en toi !

IL N'Y A PAS UNE RÈGLE

Toutes les règles pour trouver le style vestimentaire qui va te mettre en valeur, est-ce qu'il faut donc les supprimer ? Après tout, c'est vrai que certaines couleurs ne te vont pas du tout et que d'autres ont un effet bonne mine instantané. Alors c'est bien que ces histoires de femme hiver et demie été, c'est vrai, non ?

N'efface pas forcément tout ce que **tu as appris sur le sujet**. Si un test de colorimétrie t'a aidée à porter des couleurs qui te vont vraiment bien et que ça t'a aidé à te sentir mieux dans tes vêtements, tant mieux. Si à cause de ce même test tu t'interdis désormais de porter ta couleur préférée, alors **il faut peut-être revoir ça**.

J'ai assimilé petite que le rouge et le rose, ou le noir et le bleu marine, n'allaient pas du tout ensemble. Et à la fin des années 2000, devine qui marchait main dans la main sur tous les podiums ? Boum, le noir et le bleu marine. C'était trop élégant, on trouvait ça génial. Trop révolutionnaire. Comme quoi, c'était **juste une question de point de vue**.

Et je pense que c'est pareil pour toutes les règles, même celles qui s'appliquent à ta morpho ou ta carnation. Il n'y a pas une règle qui tienne. N'utilisons pas ce mot d'ailleurs. Il y a éventuellement des indications mais **tu n'es pas obligée de les suivre pour avoir un style qui te va bien.**

Si ta robe préférée ne marque pas ta taille bien dessinée et n'atténue pas les rougeurs que tu as sur le visage mais que tu adores la porter, **c'est ça qui va te faire rayonner**. Et je suis sûre que tu si tu apprends à t'écouter, **tu finiras par aller naturellement vers les vêtements qui te mettent en valeur.**

5 CONSEILS POUR SE METTRE EN VALEUR EN RESTANT VRAIMENT SOI

Une fois que tu te seras faite à l'idée que **trouver les bons vêtements pour toi est tout à fait dans tes cordes**, qu'est-ce que tu peux commencer à faire pour avancer concrètement ? Voici 5 actions qui vont t'aider à trouver le style qui te met en valeur et les vêtements qui sont faits pour toi.

OBSERVE-TOI

À force de ne se regarder qu'avec des couches de vêtements et de ne pas voir assez de représentations dans les médias de corps similaires au nôtre, **on finit par ne pas savoir à quoi on ressemble**. Par exemple, quand on voit des femmes pulpeuses, elles ont souvent une morphologie en sablier, avec une taille très marquée, des hanches bien dessinées et de la poitrine. Et ce look de la taille haute ceinturée c'est un peu la tenue qu'on pense parfaite et facile pour elles.

Sauf que... toi tu n'est sûrement pas du toute faite comme ça. Tu as peu être de la poitrine, la taille large et les hanches droites. Et tu vois, moi j'adore les robes très moulantes, mais quand j'en essayais ça n'allait jamais. Forcément, j'ai commencé par me dire que j'étais mal fichue, avant de réaliser que j'avais juste une attente complètement en dehors des réalités parce que je me connaissais mal. Enfiler une robe moulante ne va pas me faire apparaitre comme par magie une silhouette en sablier. Alors forcément, je suis déçue. Au final, ce dont j'avais envie, ce n'était pas une robe moulante, c'était la silhouette en sablier.

Je ne te raconte pas tout ça pour te faire penser que tu dois choisir tes vêtements en fonction de ta morphologie, moi je pense que **tu peux tout porter du moment que ça te rend heureuse**. Ce que je veux que tu retiennes c'est qu'il est important de te connaitre pour arrêter d'avoir des attentes complètement à côté de la plaque. **Un vêtement va t'aider à te mettre en valeur**, à te sentir mieux dans ta peau, mais il ne va pas changer ton physique, et chercher ça, c'est renforcer tes complexes.

Alors apprends à te connaitre, regarde toi en sous-vêtement dans un miroir, ou si tu as du mal à faire ça, en collant et top près du corps, ou pour commencer, sans miroir. Attends bien entendu de te sentir prête pour ça et n'hésite pas à consulter un thérapeute si tes problèmes d'estime de toi te semblent insurmontables.

Observe-toi sans jugement. Avoir des petits seins, les fesses plates, les chevilles épaisses, les épaules carrées, ce n'est pas grave. Et tu n'as pas besoin de savoir si tu as une silhouette en H ou en A pour trouver les bons vêtements. Tu as juste besoin de te connaitre et de t'écouter.

Te connaitre, c'est déjà un pas pour t'accepter, parce que comment t'accepter si tu ne te connais pas ? C'est aussi un plus pour choisir les bons vêtements, parce que tu seras moins déçue quand un vêtement ne t'ira pas puisque tu ne l'auras pas pré-visualisé sur une silhouette qui n'est pas la tienne (ce qui ne veut pas dire que ta silhouette n'est pas parfaite comme elle est !).

FAIS UN BILAN DE CE QUE TU PORTES DÉJÀ

Tu portes déjà des vêtements, même si tu n'es pas satisfaite de ton look et que tu trouves qu'il ne te met pas suffisamment en valeur. Si ton style actuel n'est pas encore exactement ce qu'il te faut, ça ne veut pas dire que tout est à jeter pour autant.

Regarde ce que tu portes au quotidien. Qu'est-ce que tu mets le plus ? Qu'est-ce que tu es sûre de mettre dans ta valise si tu pars en vacances ? Qu'est-ce qu'au contraire tu portes moins, alors que tu trouves peut-être le vêtement joli ?

Et surtout, demande-toi pourquoi : qu'est-ce qui te plait ? Qu'est-ce qui ne te plait pas ? Qu'est-ce que tu as tendance à acheter, est-ce que c'est quelque chose que tu as envie de continuer, de changer un peu ou d'oublier complètement ?

Si tu me dis que tu ne portes que des jeans et des t-shirts mais que tu n'aimes pas ton look parce que tu trouves qu'il ne te met pas en valeur et qu'il n'est pas assez stylé, je vais te dire déjà de te demander pourquoi tu portes ça. C'est pour le confort ? C'est parce que tu aimes bien les jeans ? Si c'est juste le confort que tu cherches, tu peux tester un pantalon qui ne soit pas du denim, une robe avec une taille élastique ou encore une jupe longue plissée. Si juste tu aimes porter des jeans mais que tu as besoin d'un truc en plus, essaye une autre coupe, remplace le t-shirt par une blouse ou ajoute tout simplement des accessoires.

TESTE L'OPPOSÉ DE CE QUE TU FAIS

Si vraiment tu es en plein questionnement de ton style vestimentaire, que tu te dis que tu as envie de tout changer parce que là, tu sais pertinemment que tu ne portes pas ce que tu aimes et que tes vêtements sont juste une façon de te cacher, alors go : teste l'inverse.

Quand tu n'es pas satisfaite de ton look, rien de mieux que d'essayer quelque chose dont tu n'as pas l'habitude pour faire le point. Ça peut soit te faire comprendre qu'en effet tu as besoin de renouveau, ou au contraire te montrer que tu n'as peut-être pas besoin d'aller jusque là.

Essayer quelque chose de complètement nouveau, que ce soit une coupe, un style, une couleur, ça peut aussi te montrer que ce truc nouveau te met en valeur alors que tu ne le pensais pas. Ça ne veut pas forcément dire que tu vas avoir envie de le porter, mais ça ne t'ouvre pas de possibilités, et si tu te restreins beaucoup vestimentairement, savoir ça peut te faire beaucoup de bien.

ESSAYE D'AUTRES TAILLES

Porter la bonne taille de vêtement, c'est quelque chose qui n'est pas si simple au final ! Pourquoi ? Parce que **toutes les marques ne taillent pas de la même façon**, parce que la coupe et le tissu peuvent changer beaucoup de chose et parce que nous avons toutes des silhouettes différentes.

Et pourtant, nous restons très accrochées à notre taille. Ça se comprend, on a tellement peur de grossir que l'idée de devoir porter une taille au-dessus, c'est un peu le symbole que ça ne va pas.

Tu le sais, je pense qu'on **devrait accorder moins d'importance aux tailles de nos vêtements**. La taille sur l'étiquette ne remet pas en question ta valeur ou ta beauté. Elle n'indique même pas que tu as pris du poids (ce qui au passage ne devrait pas être un truc horrible. C'est normal et ce n'est pas grave). Et tu peux très bien porter plein de tailles différentes parce que nous ne rentrons pas toutes dans le même moule, tout simplement.

Quand j'essaye des vêtements en boutique, j'essaye souvent plusieurs tailles pour voir ce qui tombe mieux. Quand je fais du shopping en ligne, c'est forcément plus compliqué. J'essaye donc de privilégier des marques que je connais, je prends mes mensurations, je regarde le guide des tailles avec attention et surtout je fais attention aux conditions de retour !

Deux tailles différentes peuvent t'aller toutes les deux, mais prendre le temps de les essayer va t'aider à te rendre compte qu'avec la plus grande tu arrives peut-être à mieux bouger (et ça, c'est super important), ou qu'au contraire la plus petite ne fait un pli peu harmonieux que tu n'avais pas remarqué mais qui au final change tout.

Porter la bonne taille, c'est la base pour avoir des vêtements qui te mettent en valeur, mais attention : ça ne veut pas dire que tu oublies les vêtements super larges si c'est ça que tu aimes et si c'est comme ça que tu as un style qui te correspond. **N'oublie pas que c'est toi qui construit tes propres règles**, et ça passe par toujours te demander comment tu te sens dans un vêtement avant de l'acheter !

PENSE À L'ENSEMBLE

Ton style, ce n'est pas que des vêtements, c'est aussi des chaussures, des accessoires, du maquillage, une coiffure. Tu n'es bien entendu pas obligée de te maquiller ou d'avoir une coiffure hyper élaborée. Mais dans ce cas-là, ça aussi c'est un choix de style. On pourrait même aller jusqu'à dire que ta routine beauté, les crèmes que tu utilises pour ton visage par exemple, font partie de ton style. Avoir le bon soin pour ta peau, c'est peut-être ce qui va complètement changer ta façon de maquiller.

Une des étapes pour s'accepter, c'est **s'autoriser à prendre soin de son apparence**. Et ça, ça prend la signification que tu veux, ça ne veut pas dire que tu dois suivre des diktats et les attentes des autres. Tu peux décider de bannir le maquillage de ta salle de bain, ou de ne plus jamais te couper les cheveux. Mais ça, ça ne t'empêche pas de t'hydrater la peau et de te coiffer.

Crois-moi, une coupe de cheveux ça peut changer beaucoup dans ton estime de toi. Ça peut même être libérateur. Pour le maquillage comme pour les cheveux, à toi encore une fois de faire des tests pour trouver ce qui t'épanouis vraiment et ce qui te mets en valeur en créant un style qui te ressemble. Moi par exemple, je sais que le carré court me va bien, mais au final c'est en me coupant les cheveux que je me suis rendue compte que même si ça m'allait bien, je me sentais bien plus moi avec les cheveux longs.

Pareil pour les accessoires : ce sont des détails qui vont te mettre en valeur. Une ceinture sur une robe ou une veste kimono, un collier sur un décolleté, ça peut en effet changer beaucoup de choses dans un look... à condition que ça te plaise ! Alors n'hésite pas à jouer sur les détails, et pareil : fais des tests.

FAIRE LE TRIE DANS SON DRESSING

Trier et ranger sa garde-robe est la première étape vers le dressing idéal. Cela permet de faire un état des lieux très rapide du contenu exact de son vestiaire, des vêtements que l'on porte sans arrêt, **ceux qui ne sont plus à notre taille**, ceux qui ont encore l'étiquette accrochée au dos...

Trier son dressing, c'est une manière radicale de **prendre conscience** de ce que l'on possède et ce dont on a réellement besoin.

Faire du tri, c'est **remettre de l'ordre dans son intérieur mais également dans son esprit**. Et surtout c'est se donner la possibilité de voir l'avenir autrement. C'est laisser la place à la nouveauté, au changement... Et je ne sais pas vous mais moi j'adore ça !

Mais pour que le rangement soit vraiment efficace, il faut le faire dans un état d'esprit positif. Vous **devez avoir du temps devant vous** (une demi-journée c'est le minimum) et vous concentrer à 100% sur ce que vous faites !

Avant de vous atteler à la tâche, dites vous que ces quelques heures que vous passerez au milieu de votre pile de vêtements à ne plus savoir qu'en faire vous **permettra vraiment d'y voir plus clair**. C'est un énorme **service que vous vous rendez à vous-mêmes.**

Si vous avez du mal à vous séparer de vos affaires (c'est parfois difficile) ou avez besoin de conseils sur les vêtements que vous devez garder ou non, **faites vous aider d'un proche** en qui vous avez une totale confiance et qui vous donnera un avis honnête et sincère. Quelqu'un qui connait votre style, sait ce que vous portez et qui aura **suffisamment de recul pour vous dire** si vous reporterez un jour cette mini-jupe à sequins ou si vous devez définitivement vous séparer de ce pull violet qui ne vous va pas au teint.

Gardez toutefois à l'esprit que vous seule connaissez vos limites et que cette étape de rangement, vous la faites avant tout pour ne **garder que les vêtements qui vous plaisent à vous et à vous uniquement.** Alors le mieux est quand même d'accomplir cette tâche seule. A vous de voir !

DÉTERMINER CE QUE VOUS AIMEZ ET QUI VOUS CORRESPOND

Déterminez en amont le genre de pièces que vous aimez car, on le sait, toutes les femmes n'aiment pas porter les mêmes choses.

Si votre style, c'est le look pantalon et jean, foncez ! Vous n'en serez pas moins féminine. Si au contraire, vous êtes une grande adeptes de jupes fluides et de robes longues, ne vous forcez pas à porter des pantalons et faites vous plaisir avec de jolies pièces vaporeuses. Le tout est de vous sentir stylée et bien dans vos vêtements.

CRÉER UN KIT DE BASIQUES

Quand on commence à définir son style, rien de mieux que de s'appuyer sur des basiques intemporels. Les basiques vont avec tout, s'accordent avec l'ensemble de vos looks, se portent aussi bien dans des tenues chics que décontractées et vous permettent surtout de créer des tenues différentes avec les mêmes pièces.

<u>Quelques idées de basiques</u> : le jean bleu clair, le t-shirt en coton, le trench beige

DÉNICHEZ DES ARTICLES PLUS ORIGINAUX

Quand vous avez votre collection de basique, vous pouvez commencer à vous lâcher et à choisir des pièces plus originales qui seront l'essence même de votre style. Attention cependant à choisir des vêtements qui vous plaisent vraiment et que vous allez porter.

De nombreux imprimés, motifs, matières et formes existent pour twister vos looks. Vous pouvez par exemple craquer pour une robe longue et vaporeuse à imprimé cachemire pour un style bohème, des bottines noires cloutées pour une tendance plus rock ou encore adopter le pantalon type jogging pour un effet sporty chic.

ADAPTER VOTRE STYLE VESTIMENTAIRE À LA VIE QUE VOUS MENEZ

Chaque personne a une vie différente. Certaines ont des emplois de bureau qui nécessitent d'avoir des tenues plus professionnelles quand d'autres ont besoin d'adopter des vêtements pratiques et plus confortables pour se mouvoir facilement.

Il est donc conseillé d'adapter votre style vestimentaire à votre vie et à vos besoins. Votre garde-robe comportera ainsi des pièces pour tous les jours adaptées à votre rythme de vie et des pièces de soirée à porter lors de sorties entre amies ou au restaurant avec votre moitié.

Déterminer sa MORPHOLOGIE

La MORPHOLOGIE

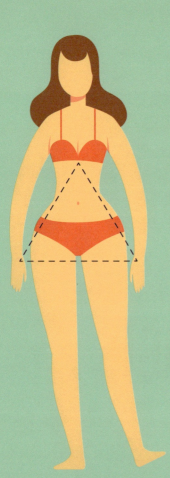

LE TRIANGLE OU A

La morphologie en A ou triangle ou morphologie en pyramide est l'une des morphologies féminines les plus répandues, avec une carrure plus étroite que les hanches, la silhouette s'élargissant de haut en bas comme une pyramide. Si votre taille de pantalon est plus grande que la taille de votre veste, cette forme de silhouette vous correspond.

LES PIÈCES À ÉVITER

Il faut éviter de porter des jupes ou des pantalons à rayures horizontales. S'éloigner aussi des tenues trop moulantes, mais aussi trop larges, qui auront tendances à souligner le déséquilibre entre la largeur des épaules et celle des hanches. Pour mettre en valeur sa silhouette en A, il faut focaliser les regards sur le haut du corps en jouant sur les décolletés en V, ou les décolletés bateau qui élargissent la carrure. On étoffe le buste avec des tops colorés et imprimés, et on allonge la silhouette avec des talons.

COMMENT SE METTRE EN VALEUR AVEC UNE MORPHOLOGIE "A" ?

Pour rétablir un bon équilibre morphologique, usez, en premier lieu, de stratégies chromatiques en optant pour des couleurs sombres pour vos bas et des tonalités plutôt vives pour vos hauts.

LE LOOK — Vous devez attirer le regard sur le haut, en léger décalage avec les hanches.

PANTALONS — Coupe semi-évasée, jean bottillon mi-taille, taille haute classique.

CHAUSSURES — Escarpins à bouts pointus, talons chunky, cuissardes.

La MORPHOLOGIE

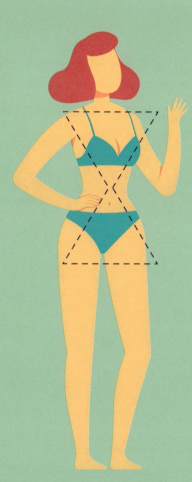

LE SABLIER OU 8

les femmes qui ont une morphologie en sablier ont souvent un haut et un bas du corps aux proportions similaires. Leur taille est plus étroite que leurs épaules et leurs hanches. Leur poitrine est souvent généreuse.

LES PIÈCES À ÉVITER

il faut éviter les pulls moulants à col roulé ou de couleur foncée qui ont tendance à écraser la poitrine et à marquer l'ossature. Vous devez garder à l'esprit l'importance de marquer votre taille et de proportionner le haut du corps et le bas.

COMMENT SE METTRE EN VALEUR AVEC UNE MORPHOLOGIE "8" ?

Des vêtements qui soulignent votre taille marquée et n'accentuent pas trop la forme de vos hanches si elles sont très arrondies. Le mieux est de dévoiler vos hanches subtilement, c'est ce qu'il y a de plus élégant et stylé pour le quotidien. Parmi les vêtements qui vous mettent en valeur on a par exemple les jupes fluides, les pantalons fluides droits, les jupes robes portefeuille, etc.

LE LOOK
Prenez des vêtements moulants qui soulignent vos contours, sans tomber dans l'excès.

PANTALONS
Jean taille haute stretch, jean filiforme et bien ajusté, coupe semi évasée, jean taille haute avec une coupe droite.

CHAUSSURES
Chaussures courtes, chaussures à talon, escarpin à bout découpé, sandales.

La MORPHOLOGIE

LE RECTANGLE OU H

Ce type de silhouette s'identifie à ses formes peu marquées. Votre corps suit une ligne assez droite, avec une même largeur des épaules à la taille et aux hanches

LES PIÈCES A ÉVITER

- Les pièces extra-larges. L'oversize ne met pas spécialement votre silhouette en valeur.

- Le total look : évitez l'effet le look avec une seule et même couleur, qui a tendance à aplanir votre silhouette.

COMMENT SE METTRE EN VALEUR AVEC UNE MORPHOLOGIE "H" ?

- Marquez votre taille : les ceintures sont vos alliées, elles vous permettent de créer de nouvelles formes en rompant la ligne droite. À porter au niveau de la taille ou sur les hanches pour créer un arrondi harmonieux.

- Amusez-vous avec les effets visuels. Créez du volume avec des superpositions, des franges ou des pièces bouffantes à l'un des trois points centraux de votre silhouette (épaules, taille, hanches).

LE LOOK

Il faudra mettre en avant votre corps ainsi que vos jambes, créer des courbes avec des vêtements qui soulignent votre taille.

PANTALONS

Toutes les coupes de jeans vous iront, pantalon couple ample avec large ceinture élastique, coupe boyfriend, coupe semi-évasée, coupe skinny.

CHAUSSURES

Bottines, bottes à talons aiguilles, chaussures courtes ou escarpins.

Cécile
ALIAS CILOU

J'ai 29 ans et deux enfants ! Je suis une personne ultra-positive qui adore partager avec vous pleins d'astuces et de conseils. J'ai longtemps été mal dans ma peau, il y a encore 1 an j'étais en obésité morbide et cela jouait sur ma santé. J'étais triste, renfermée sur moi-même et je n'avais pas confiance en moi.
J'ai subi une chirurgie bariatrique qui a été pour moi l'opération de la dernière chance. Ça m'a permis de perdre plus de 45 kg. Aujourd'hui après un travail sur moi, je suis pleinement épanouie et j'ai de nouveau confiance en moi. Ce qui m'a permis de vous écrire ce guide pour vous aider à vous aimer vous aussi, car ça fait du bien !

J'ai plusieurs cordes à mon arc je travaille dans la beauté et les cosmétiques. J'aide des femmes à prendre soin d'elles et je forme celles qui veulent aider les autres à le faire. Et j'ai également une casquette d'auteur de livre. Ce guide est le deuxième que j'écris. Le premier étant pour les personnes opérées de chirurgie bariatrique. J'interviens également dans les hôpitaux afin de les aider et de partager mon expérience.

Qui suis-je ?

Mon 1er livre
LIVRE MON GUIDE CHIRURGIE BARIATRIQUE

DISPONIBLE SUR
amazon

Retrouve-moi
SUR LES RÉSEAUX

 Instagram sleeve_cilou

Je partage avec toi : des vidéos, des publications sur mon évolution de perte de poids, des recettes de cuisine, mon sport, des astuces, mes routines ... etc.

SLEEVE_CILOU

 Instagram Beauté lacaptainbeauty

Retrouve des tutos coiffures, maquillages. Je te partage mes astuces beauté, look et soins.

 Mon E-shop

https://captainbeauty.jolimoi.com

 Par mail sleeve.cilou@gmail.com

Si tu as des questions sur le livre, tu peux me contacter à cette adresse, je te réponds avec plaisir !

Retrouve mes réseaux
 en flashant chaque code sur les côtés !

Printed in France by Amazon
Brétigny-sur-Orge, FR